现代事业单位

财政税收与经济管理研究

李宝敏　著

中国商业出版社

图书在版编目（CIP）数据

现代事业单位财政税收与经济管理研究 / 李宝敏著
. -- 北京 : 中国商业出版社, 2021.7
ISBN 978-7-5208-1708-0

Ⅰ. ①现… Ⅱ. ①李… Ⅲ. ①行政事业单位－税收管理－研究－中国②行政事业单位－经济管理－研究－中国
Ⅳ. ①F812

中国版本图书馆CIP数据核字(2021)第147855号

责任编辑：于子豹　袁娜

中国商业出版社出版发行
010-63180647　　www.c-cbook.com
（100053　北京广安门内报国寺 1 号）
新华书店经销
天津和萱印刷有限公司印刷

★

787毫米 × 1092毫米　16开　16.5 印张　150千字
2022年 3月第 1 版　　2022年 3月第 1次印刷定
价：48.00 元

★★★★

（如有印装质量问题可更换）

前　言　Preface

作为社会主义社会建设的关键构成部分，事业单位与其他的社会单位的属性有所不同，主要突出其公益性的特质，本身不是为了经营获利。然而，在现阶段，我国的经济结构逐步建立起来，事业单位在运营阶段所处的环境条件也有了显著变化。随着现代社会的不断发展，事业单位所面临的竞争压力也越来越大，因而，让事业单位实现稳定持续的发展变得十分必要。为了让事业单位能够更好发展，就需要加强各个方面管理工作，而经济管理就是一个需要强化管理的工作。强化经济管理工作可以为事业单位更好地发展提供较好的支持与保障。

基于此，笔者撰写了《现代事业单位财政税收与经济管理研究》一书。全书在内容编排上共设置六章：第一章围绕财政与税收的研究对象、财政与税收的思想发展理论、现代事业单位经济管理与财政经济良性循环的不同方面，来诠释财政税收与经济管理的基本理论；第二章探讨现代事业单位财政管理及其重要性，内容包括财政与其职能分析、财政收入与支出、财政管理与财政管理体制、现代事业单位预算管理的重要性；第三章分析政府会计制度、权责发生制改革的必要性与可行性、权责发生制改革构思与实施措施、权责发生制在事业单位会计核算中的运用；第四章对税收征收管理的基本内容、税务管理与税款征收、税务检查与行政复议、现代事业单位财政税收管理的措施进行探究；第五章基于现代事业单位经济管理与创新模式视角，论述科技与文化事业管理、公共卫生与公用事业管理、事业单位经济管理的内部控制、事业单位经济管理行为与创新模式；第六章突出实践性，分别从事业单位内部控制规范与措施、事业单位资产管理与实现路径、现代经济管理模式在事业单位中规范化的应用三个方面，来研究现代事业单位经济管理实践。

全书内容丰富，结构清晰，理论联系实际，对事业单位财政税收问题与经济管理相关内容进行分析，以理论知识适度够用、突出实践能力为宗旨与思路，力求内容实用，可操作性强，能够为从事相关工作的人员提供可以参考与借鉴的理论与依据。

笔者在撰写本书的过程中，得到了许多专家学者的帮助和指导，在此表示诚挚的谢意。由于笔者水平有限，加之时间仓促，书中所涉及的内容难免会有疏漏之处，希望各位读者多提宝贵的意见，以便笔者做进一步的修改，使之更加完善。

作 者

2021.1

目　录　Contents

| 第一章 |

财政税收与经济管理的基本理论

随着我国社会主义市场经济的不断发展和税收理论的不断完善，我国税收工作已经深入到人们生产与生活的很多领域中，不仅为企业和群众所广泛接受，而且逐渐从片面强调筹集财政收入功能转向了重视税收与经济增长的关系，从而实现了功能性的转变。本章重点围绕财政与税收的研究对象、财政与税收的思想发展理论、现代事业单位经济管理与财政经济的良性循环展开论述。

第一节 财政与税收的研究对象

目前，在经济生活中存在着不同的财政现象，社会成员在生产和生活中经常会涉及财政问题，如人们对于依法纳税、购买公债、政府部门与各个社会团体经费的拨付、税收减免、财政预算等，都已经非常熟悉。对所有社会成员来说，政府是不可或缺的。离开了政府所提供的各种公共服务，整个社会经济可以说是无法正常运转的，如社会秩序维护、国家安全防务、外交事务处理、交通设施建设、大型水利项目施工、生态环境改善、公众利益保护等。而所有的政府公共服务活动总是或多或少地需要财力的支持，即伴随着一定量的政府财力的安排和使用。社会成员必须把特定的权力让渡给特定的公共组织，再由这个公共组织通过特定的途径和方法来为社会成员提供共同消费所需要的物品和劳务。社会成员所让渡的权力的总和即为公共权力，被赋予公共权力的公共组织是国家，国家所代表的公共权力是由不同的职能部门或政府机构来行使的。而公共权力则分别表现为立法权、司法权和行政权，行使行政权力的机关总称为政府。通常，将一个社会中属于政府所有，并贯彻执行政府方针政策的所有实体的总和称为公共部门。①

通常，公共部门具有两个的共同点：一是都具有公办的性质，它们是政府出资设立的，它们的营运依赖于公共资产；二是它们都或多或少地受政府的控制，政府是它们的所有者，它们的活动直接体现了政府的行为，执行着政府的意志。政府部门是指公共部门中不从事产品或服务的销售，不依靠销售来获得

---

① 陈昌龙.财政与税收[M].北京：北京交通大学出版社，2016.

主要收入，可以免费或部分免费地向公众提供产品或服务的单位的总和。

在不同的社会发展时期，财政与税收的研究对象是有所不同的。早期的代表人物是亚当•斯密，秉承自由放任的经济思想，他认为财政与税收仅需要研究政府收入和支出本身，而且政府支出也只限于政府正常的行政活动开支，如国防、司法、教育、公交和公共工程等。与此同时，他系统地提出了著名的税收四原则，即能力原则、确定原则、便利原则和节约原则。

20世纪30年代，有“财政学派”之称的凯恩斯则提出了政府要运用财政与税收等政策干预经济活动的主张和思想，政府的财政与税收支出直接形成有效需求的组成部分。财政学派认为，政府执行财政与税收政策，可以通过公共支出和税收收入促进经济的稳定增长。20世纪60年代，现代财政与税收的研究对象已经超出了收入和支出管理的范围，而扩大到公共部门的所有领域，即研究怎样通过财政与税收体制的设计和政策选择来消除通货膨胀、失业和经济衰退，以实现国民经济可持续增长的政策目标。

财政与税收活动是社会再生产过程和国民经济运行的一个环节或一个组成部分，政府的财政与税收行为必须履行国民经济系统所赋予的职能，服务于社会经济运行和发展的总目标。因此，财政与税收研究的主要问题是：分析和评估政府财政与税收活动所占有和使用资源的数量对社会经济的影响程度，以及正确判断其对社会公平、效率和经济稳定增长目标实现的效应如何。从这一点上来看，财政与税收主要研究政府经济活动的内在规律与政府经济活动以及市场经济活动之间的依存关系。

财政税收与国民经济的关系是本书研究的一个主要线索：国民经济运行决定财政资金运行的范围、目标和方式；财政资金的运行反过来影响国民经济的运行，财政资金收支总量上的平衡与否影响着社会总供求的平衡关系。财政与税收在学科体系中具有衔接一般经济、管理理论课程和财政与税收业务课程的中介作用。这种作用可以从两方面来理解：一方面，将经济学、管理学的理论研究引向政府经济领域；另一方面，对财政与税收现象进行理论层面的分析。作为一门应用性理论学科，财政与税收这一学科力图透过种种财政与税收现象，来揭示支配这些现象的客观规律。

在现代经济社会中，政府财政与税收活动有着极其重要的作用。政府财政与税收政策实施作为一种强有力的工具，影响着社会的每一个消费者、投资者、储蓄者、借款人、雇主或雇员的经济行为。换言之，在这个社会中，所有的企事业单位与公民都生活于受国家或政府财政与税收活动所影响的环境中，而且绝非只是被动接受影响的地位。

综上所述，财政与税收研究的目的，就是要讨论如何将经济分析的一般工具有效地运用于分析政府财政与税收活动与其政策的实施上。

第二节 财政与税收的思想发展理论

财政与税收既属于经济范畴，也属于历史范畴。如果从经济范畴角度来看待财政与税收，那么，它的存在是以整个社会经济为前提，是社会经济活动的一个组成部分。而从历史范畴角度来讨论财政与税收，它是随着国家的产生而产生的，是与国家或政府的经济制度和经济运行机制相互依存的。一般来说，社会经济制度的变迁、政府职能的变化等，都会使财政与税收活动的内容、范围等发生变化和发展。

一、西方财政与税收的思想发展理论

西方财政与税收的思想发展和理论的形成有两个重要的发展阶段，即传统财政与税收的思想发展理论与现代财政与税收的发展理论这两个阶段。[①]

（一）传统财政与税收的思想发展理论

传统财政与税收思想发展理论的形成脉络，可以从以下几方面来梳理。

第一，重商主义和重农学派的财政与税收思想和理论。重商主义萌芽于15世纪初，到17世纪达到极盛。它是从流通领域的角度来考察社会生产方式的，认为

---

① 陈昌龙.财政与税收[M].北京：北京交通大学出版社，2016.

国家经济政策和活动的目的是为了获取货币，主张实行包括税收政策在内的政府干预经济，鼓励出口、限制进口以换回更多的金银，积累货币财富。重农学派形成于18世纪的法国，它把理论研究的视角从流通领域转向农业生产，认为农业是物质财富的真正源泉。在财政与税收方面，主张实行“单一的土地税”，并且由占有“纯产品”的地主承担全部税负，取消其他课税。与此同时，它反对行会限制和国家干预经济，提倡减轻人头税负担，反对包税制的征收制度。

第二，古典经济学派的财政与税收思想和理论。古典经济学派产生于17世纪中叶，完成于19世纪初，是代表新兴资产阶级利益的一种经济理论体系。威廉•配第于1662年发表了《赋税论》。《赋税论》的发表标志着古典经济学派的产生。

1776年亚当•斯密发表了《国富论》，这是古典经济学派的主要理论代表。除此之外，大卫•李嘉图的《政治经济学及赋税原理》也是它的主要理论代表。

第三，历史学派的财政与税收思想和理论。历史学派产生于19世纪40年代的德国，它反对古典经济学的自由主义，强调国家活动的生产性，主张扩大财政职能和财政收支，主张国家干预社会生活。1872年，阿道夫•瓦格纳出版了《财政学》，它对世界各国的影响一直延续至今。

第四，新古典学派的财政与税收思想和理论。新古典学派是指在19世纪末20世纪初，英国剑桥大学教授马歇尔把边际效用理论和经济学的一些其他理论融合，构建了一个以均衡价格为核心的经济学体系。马歇尔把价格理论运用于财政学，用私人经济市场运行的局部均衡分析法，分析了税收与市场经济中价格以及产量之间的关系，并用消费剩余来分析税收对市场经济运行所造成的效率损失，提出了税收中性理论。1902年，庇古出版《福利经济学》一书，主张国家干预经济，重视财政在资源配置和收入分配方面的作用。1928年，庇古出版《公共财政研究》一书，在此书中对税收理论进行了更深入的研究。在研究中，他主张由国家通过累进税制度把富人缴纳的一部分税款用来从事社会福利事业，供低收入者享用。为此，他提出了最小牺牲税收原则等。

（二）现代财政与税收的思想发展理论

现代财政与税收的思想发展理论，是以20世纪30年代的凯恩斯革命为起点，而且产生了包括凯恩斯学派、供给学派、公共选择学派等在内的学派。关于这些学派的思想理论发展脉络，现具体分析如下。

第一，凯恩斯学派的财政与税收思想和理论。虽然凯恩斯本人并未对财政基本理论和财政收支决策进行系统的论述和分析，但是他对财政与税收理论研究做出了很大的贡献，其最大的贡献在于把财政政策作为了宏观经济学研究的主要部分。他的宏观经济政策就是总需求管理政策，他认为经济危机的发生是由于有效总需求不足。他提出了要加强国家对经济的干预，通过扩大政府开支，推行赤字财政政策，配合货币政策，刺激消费和投资，提高社会有效总需求，实现充分就业的主张。在理论上，他以政府支出乘数理论来说明政府扩大支出对国民收入增长的作用。与此同时，他又以温和的通货膨胀政策配合扩张性的财政政策，以解决由于发行公债来弥补赤字所引起的对私人投资和消费的“挤出”效应。

第二，供给学派的财政与税收思想和理论。供给学派兴起于20世纪70年代，它本身并没有形成完整的理论体系。主张通过供给管理来摆脱经济滞胀的局面，并且以“供给能自动地创造需求”的萨伊定律作为其理论的基础，这种理论反对赤字财政政策，主张实行紧缩性的财政政策，以恢复预算平衡。在具体政策措施上，主张以减税来激励人们的工作积极性，刺激投资，增加供应。

“拉弗曲线”描述了税收和生产之间的关系。从长远上来看，低税率有利于经济发展，有利于税基的扩大，有利于财政收入的增加。另外，该理论还提出了在实施全面减税政策的同时，又应该大幅度地削减政府开支，特别是社会福利的开支，以最终达到平衡预算的目的。

第三，公共选择学派的财政与税收思想和理论。公共选择理论并不是纯粹的经济学和财政学理论，但它是在对财政问题进行研究时产生的。詹姆斯•布坎南是在公共选择研究领域著述最多的学者，他致力于经济学和政治学决策理论的契约与宪法基础的研究，财政问题可以说一直是他研究的中心。

除了上述主要流派的财政与税收思想和理论外，新制度经济学派对现代财政与税收也做出了极其重要的贡献。其主要特点是研究资源配置效率和政府支出效率，而财政支出微观化就是在这一基础上发展起来的。

二、中国财政与税收的思想发展理论

自中华人民共和国成立以来，中国财政与税收的思想和理论的发展大体经历了形成、发展、创新这三个阶段。

（1）我国财政与税收的思想和理论形成阶段。从中华人民共和国成立到20世纪50年代，我国学者以引进和研究苏联的财政与税收的思想和理论，继承和发展革命根据地财政与税收的思想、理论和方针、政策作为主要研究内容。与此同时，他们还在总结我国国民经济恢复和第一个五年计划时期工作经验教训的基础上，提出了很多关于我国财政与税收发展的重要观点和思想，如“发展经济、保障供给”的财税工作方针，“统筹兼顾、全面安排”的财税工作原则，兼顾国家、集体和个人三者利益的财税分配思想，财税、信贷和物资综合平衡的理论，国家基本建设规模应该与政府财力相适应的考虑等。这些财税思想、理论和观点为奠定中国财政与税收学的基础做出了重要贡献。

（2）我国财政与税收的思想和理论的发展阶段。在20世纪六七十年代，我国的财政与税收实务工作者和理论学者通力协作，在进一步总结我国经济建设实践的前提下，加强对财政与税收基础理论的探索，开始由财政与税收政策方针层面的分析上升到财政与税收内涵和本质的研究，如对财政与税收本质、职能和作用、财政与税收以及社会再生产各环节的关系进行研究。再比如，对财政与税收与国有企业财务管理关系、财政与税收以及银行信贷之间关系进行研究等。这些研究和探索进一步完善了我国财税、信贷和物资综合平衡的理论体系，逐步形成了具有中国特色的社会主义财政与税收学理论体系。

（3）我国财政与税收的思想和理论创新阶段。进入到20世纪七八十年代初，我国开始实行经济体制的改革开放，对财政与税收理论的研究也随之不断发展，如一些与财政税收相关的基本原理和政策实践有了一定的拓展，不同的学术观念不断出现。随着多年经济体制改革和社会主义市场经济体制的不断发展，对我国财政与税收理论的发展也不断提出了一些新的要求。从过去高度集中的计划经济体制向市场经济体制的转变是一个历史性的巨大转变，如何适应这一转变来设定我国财政与税收体制改革目标，可以说是我国财政与税收理论研究中的热点和难点问题。而在市场经济体制发展阶段，我国财政与税收理论研究的最大特点就是开始大量引进和借鉴西方发达市场经济国家的财政与税收理论成果，尤其是公共财政理论中的现代税收理论、财政宏观调控理论、财政与税收运行机制和效率研究理论、财政与税收竞争和分权理论等。这些理论对我国财政与税收制度建设和管理体制创新，以及社会主义市场经济体制的完善等，都可以说具有重大的推动作用。

第三节　现代事业单位经济管理与财政经济的良性循环

事业单位属于国家核心的社会组织，其既要全面履行各部门职能，又要不计盈利地服务于社会民众。但是近年来，该种公益性属性的社会组织，已经不能满足现代化市场环境发展的要求。为此，若想提高事业机构的经济管理水平，就需要根据管理的现状采取科学措施，做好早期预算，保障事业机构各个部门之间呈现正常有序的良性循环，以推动事业机构经济管理和财政经济建设的整体发展，从而提高其社会服务质量。

从经济学角度而言，财政经济有序循环包含三个观点：一是将财政建设开支在财政总开支中占比2/5时的运营状况定义成财政经济有序循环；二是有序循环也能用财政收益增速来体现，如果财政开支低于财政收益，并且两者能够互相平衡，就可以认为财政经济实现良性循环；三是全国财政收益平均增速低于财政收益增速，也属于财政经济有序循环。财政经济有序循环属于保障国家经济得以长远发展的基础。而在具体财政业务中，要求相关人员从具体的事务着手，采取科学的经济管理方式，以保证财政经济的稳定循环。[①]

一、事业机构经济管理与财政经济有序循环的关系

在事业机构经济管理阶段，财政管理机制进行了深入的变革，如优化了会

---

① 常永芳.事业单位经济管理和财政经济良性循环[J].纳税，2019，13（19）：207+209.

计财政机制的监督制度，有效融合内外监督工作，从事业机构本身的经济管理入手，积极响应各项财政经济方针的改革。而财政经济的有序循环主要指财政和经济间保持相对平衡的状态，在得以协同发展的基础上，促使财政和经济相结合与集中。

事业机构的经济管理与财政经济是否保持有序循环，可以说是由经济制度变革和国家经济发展来决定的。在许多经济关系模糊的情况下，若要把市场经济盘活，事业机构本身的经济控制是全社会与国家财政经济中最为关键的环节。因此，强化事业机构内部会计管理机制，可以促使事业机构内部经济的科学管理为财政经济的有序循环提供保障。而财政经济的有序循环也可以推动事业机构经济管理活动的发展，给事业机构经济管理活动诸多导向与指标。目前，若要进一步提高事业机构经济与财政经济的有序循环，就需要在确定事业机构经济管理与财政经济有序循环的内部联系的前提下，对当前存在的不足进行优化，这样才可以有效进行体制的建立。

二、事业机构经济管理与财政经济有序循环的现状

目前，事业机构经济与财政经济管理存在以下不足。

（1）经济管理机制尚待优化。若要保证经济管理机制得到贯彻执行，少不了制度的改革与创新。当前，由于我国经济机制改革制度，特别是内部经济控制的制度并不健全，必然会对经济管理中心的顺利实施有较大的影响。具体来说，制度改革环节会包含诸多机构，若各机构无完善的经济管理机制，就不能形成稳定的合作关系，从而造成内部经济控制方面的危机逐渐形成，导致经济管理的作用在操作中无法发挥。

（2）缺少严谨的经济控制行为。经济控制行为主要表现为运用科学的管理方式对固定资产进行管理，其行政行为有较大的影响力。当前，在对固定资产的控制上，有关领导没有进行严格把控，其管理思想尚待提升。而大量固定资产在使用过程中，无法发挥出其应有的价值。究其原因，是因为有关部门并未有效保护与使用固定资产，再加上相关部门在管理时不注重固定资产的配置，造成资产耗费现象十分严重，从而让其建设与管理工作的发展无法顺利进行。

（3）财政经费运作不协调。事业机构经济管理是由专财务工作者负责，但是因为事业单位并未为经济控制行为培育专业化人员，造成事业单位缺少专业化人才，从而出现了财政经费运作不协调的情况。当前，我国出现财政经费运作不协调的区域，主要在中西部地区。在这些地区，一些地方并没有多余的经费进行经济建设，所以难以为本地经济增长提供良好的依据。财政经费运营不协调主要表现为经费开支随意性很大、预算约束不当等，导致诸多经济控制行为满足不了经济发展的需求，或者财政经费没有得到贯彻与落实。另外，还有一些行政事业机构并没有将所获得的资金进行预算管理，以导致财政经费十分紧张，甚至产生负债情况。这类情况的出现，既影响到财政经费良性循环，又不利于事业单位的可持续发展。

三、事业机构经济管理与财政经济有序循环的建议

（1）优化事业机构经济管理体系。若要保障财政经济有序循环，首先应该从制度层面入手，对于现有的管理制度进行合理调整及完善。为不断提高事业单位的经济管理监控力度，要设立严格的管理监督部门，并且制定关于经费的收付控制制度，运用制度来管束各部门的行为，以实现事业机构资源的科学分配，如依靠与财政机关的《内部会计管理基本规则》《中华人民共和国预算法》《事业

单位财务规程》《中华人民共和国会计法》与《事业机构财务规定》等各项法律法规，来管理事业机构的各项经济活动，保证社会经济在良性发展的基础上，实现财政经济的稳定循环。可以说，完善的财政法规使得市场经济可以科学地进行配置，而加强法律建设则是财政经济稳定循环的核心保障。

（2）增强财政中心的各项职能。经济若想得到稳定的发展与循环，就需要科学的引导及变革。具体可以分以下步骤进行：首先，政府机构要树立科学的财政思想，通过持续增强财政中心的各项职能，推动地区经济的稳定发展，从而为事业机构经济管理体系的形成奠定坚实的基础；其次，在完善经济变革的基础上，通过多种途径来推动事业单位和市场经济的整体发展，营造相对均衡的环境；最后，强化对财政经济的控制与预算，其财政业务必须服从于社会民众的内部要求，保证经费安全标准且高效运作，并且要制定有统一标准的薪资补贴制度，不断完善财政经费支撑价值。此外，在事业机构经济管理方面，内控活动也占据较高地位。目前，大部分事业机构的内部财政已经有相应的限标，对财政开支的管控更为严格，如此更有助于降低事业单位产生不必要的财政开支，有助于对各项财政补贴的控制与管理，以推动事业单位运营的流通，提升经营建设性开支管理水平，从而推动税改的建设。

（3）确定事业机构经济控制目标。经济控制建设应该确定单位经济控制目标，这是推动财政经济稳定循环的基础保证。事业机构经济管理目标，不仅要迎合社会大众服务的需求，而且还应该拓展筹资的途径，减少事业机构日常运作中不必要的支出，以降低国家财政上的压力。基于此，事业机构开展经济管理活动便会有一定的方向性，这样既可以满足经济机制变革的需求，而且还可以提高事业机构服务质量，给予事业机构和国家财政以最大限度的发展空间，从而大幅度地提高其发展的有效性。

（4）注重财源的发展。财政经济有序循环的核心是注重财源发展，这可以从两方面来理解：一方面，事业单位研究国家经济的未来趋势，要结合经济发展状态制订可行的经济发展方案，并以科学效益思想为导向强化财源建设；另一方面，财政经济有序循环要立足于现实，要结合各个地区的具体发展状况制订针对性经济建设计划。与此同时，还要做好地区的招商引资活动，推动产业结构的优化与升级，加大第三产业建设力度，融合地区内资源大力建设本地服务型经济。

综上所述可见，事业机构经济管理与财政经济稳定循环息息相关，采取规范的经济管理行为，能够促进事业单位机构经济管理及财政经济的发展。当前，事业机构经济管理及财政经济稳定循环还有很多不足，唯有持续优化事业结构经济管理体系，完善财政职能和确定事业机构经济管理目标，才可以不断提高事业机构经济管理水平，并且促进财政经济得以良性循环，使之朝着自由化、标准化、体系化与规范化趋势发展。

| 第二章 |

现代事业单位财政管理及其重要性

近年来，随着经济的不断发展，事业单位也在不断进行深入的财政改革，如建立完善的预算管理体制和收支管理方式，这对提高财政管理效能，促进科学发展与社会和谐具有至关重要的作用。本章重点分析财政及其职能、财政收入与支出、财政管理与财政管理体制、现代事业单位预算管理的重要性。

第一节 财政及其职能分析

一、财政认知

所谓财政，是指以国家为主体，凭借政治权力，为满足社会公共需求而参与社会产品分配所形成的政府经济活动。“财政”一词并不是自古以来就有的，更不是由某个先知或先哲预先设定好的。在人类社会发展史上，政府可以说是社会发展到一定历史阶段的产物。相应地，“政府分配活动”也是在社会发展进程中逐步形成的。财政的发展与形成也是如此。

（一）财政构成要素

财政由财政主体、财政客体、财政形式和财政目的四大要素构成。①

（1）所谓财政主体，是指财政分配是由国家或政府来发动、组织和承担的。在财政分配行为的参与主体中，主导的一方是国家。这是因为任何社会的分配活动都不可能自发产生，而厂商、家庭、团体或组织、国家或政府等的一方或多方，都可以作为分配主体在某种特定的分配活动中出现，但是财政分配活动的主体只能是国家或政府。国家或政府作为财政分配活动的主体，与财政

① 陈昌龙.财政与税收[M].北京：北京交通大学出版社，2016.

有着非常密切的关系。也就是说，不仅财政分配的对象、数量、范围和方式等都主要由国家或政府这个主体来决定，而且国家或政府与财政一直存在着相依为命、共存共荣、相辅相成、缺一不可的关系。

（2）所谓财政客体，也称财政对象，是指在一定期间内的一部分社会产品与服务，或一部分国民收入。因为任何分配行为都是人作用于物的活动，财政分配也不例外。财政分配不仅有主体，而且还必然有客体，否则，财政分配就会成为无源之水、无本之木，也就不能称其为财政。而社会产品和服务（即国民收入）是国家或政府财政收入的根本源泉。

（3）所谓财政形式，是指国家或政府组织财政分配活动所运用的具体形式。财政分配形式既可以是实物形式或力役形式，也可以是价值形式。因为财政分配是整个国民收入分配的一个特定组成部分，它的形式主要取决于当时占支配地位的国民收入分配形式。通常，在自然经济条件下，财政形式主要采用实物和力役形式；在商品经济或市场经济条件下，如资本主义社会和社会主义社会时期，财政形式则以价值分配为主，表现为货币收付。

（4）所谓财政目的，是指财政分配是为了提供公共产品，满足社会公共需求。因为任何一个国家或政府都具有社会管理和经济管理两大基本职能，前者是指其具有维护国家政权、保障公民安全和维持社会秩序等职能，即要向社会提供公共产品以满足公共需求；后者是指其所具有的调控宏观经济、促进国民经济可持续发展的职能。为了履行上述的两大基本职能，国家或政府需要耗费相应的财力、物力。由于国家一般不直接从事物质资料的生产，凭借政治权力而进行的财政活动就因此成为国家或政府财力的主要来源。

（二）财政本质与属性

1.财政本质

财政是一个经济范畴，研究财政就应该遵循经济学的基本分析方法，因为经济学关注的是人类社会经济生活中常见的各种两难冲突问题。所谓两难冲突，一般是指两种因素可以相互替代，两者之间此消彼长。我们经常提及的个人利益与集体利益、局部利益与整体利益、当前利益与长远利益等之间的矛盾，就属于两难冲突。

从财政活动所体现的经济关系来分析，财政本质是以国家（或政府）为主体的分配活动。这种分配活动又可以分为两个层面：一是在社会经济系统中，个人、企业与国家（或政府）之间的分配活动；二是在国家（或政府）机构系统中，各级政府之间的分配活动。

在现代经济生活中，个人、企业和政府是经济活动的主要参与者。但是对不同的经济主体而言，它们却有着各自不同的利益。一般来说，个人在消费决策上侧重于既定收入的约束，追求自身福利的最大化；企业在生产决策上，倾向于追求利润最大化；而政府在经济决策时，则可能更注重增进全社会的福利。

由于政府具有社会管理和经济管理职能，政府及其财政收支活动主要是为了协调现实生活中各种利益之间的矛盾。在企业和家庭决策方面，它有侧重于个人利益、局部利益和当前利益的特点，而财政则更注重于通过支持公共产品的生产与提供等方面的活动，来弥补私人经济活动中的缺陷，从而促进集体利益、全局利益、长远利益的提高。

2.财政属性

所谓财政属性，是指财政所具有的共同性质或特征。一般来说，财政具有公共性和利益集团性（或阶级性）这两种基本属性。

所谓公共性，是指财政活动所具有的提供公共产品、满足社会成员的公共需求的属性，它是财政活动的共性，是不同社会形态下财政所共同具有的性质。事实上，自从人类社会建立以来，人们的生活、生产活动除了满足自身生存的需求外，还要逐渐满足单靠私人活动难以胜任的一些公共事务的需求，如社区秩序管理、引水灌溉工程等的需求。在阶级出现、国家建立之后，政府就具有了行使政治权力、维护社会稳定的社会管理职能。另外，像道路、桥梁和大型水利设施建设等公共工程项目，是社会成员不愿提供或无力提供的。而由于这些活动是用来满足社会公众的公共需求的，服务于此类活动的财政活动就因此具有了区别于私人财务的公共性。通常，理解财政的公共性，要注意区分公共性的具体内容，即政府职能范围在不同社会、不同时期所存在的差异。由于生产力发展水平与各国社会历史、风俗习惯的不同，财政活动满足社会公众需求而提供的公共产品具有历史阶段性的特点。

而随着生产力的不断发展，这类工程可能只需要一个社会基本单位，甚至一个人就可以独立完成。此时，它就不再具有公共性，就可以从财政分配范畴中退出来了。当然，随着经济的发展和社会的变迁，还会有一些新的公共需求产生而被纳入财政分配范围之内，如现代社会中的环境保护问题就比任何时代都要突出，需要被纳入财政分配范围之内。

公共产品的这种历史性，还意味着另外一个问题会产生，即处于不同经济发展阶段的国家，其公共产品的的内部构成也是不一样的。通常，在大部分发达国家已经基本上不属于公共产品之列的事务，在许多发展中国家却可能仍然属于公共产品，比如电力、铁路等。此外，公共产品还具有地域性，如在具有不同历史文化传统、社会风俗习惯的国家和地区，公共产品的结构也是有所不同的。

所谓利益集团性（或阶级性），是指财政作为政府经济活动，必然要符合统治阶级的整体利益，政府必然要通过财政收支活动使统治阶级的最高利益得以实现。一般来说，由于国家经济和政治反映着占统治地位的那个集团的利益，即统治阶级的利益，所以，财政反映的是统治阶级的利益。

（三）公共财政及其特征

所谓公共财政，是指在市场经济条件下，政府为了满足社会公共需求，通过收支活动对一部分社会资源进行配置。公共需求包括两类需求：一是纯公共需求，即保证国民基本素质和生存安全需要的纯公共产品；二是准公共需求，即介于纯公共需求与私人需求之间的准公共产品。

1.公共财政分析

（1）公共产品。

公共产品是指增加一个人对该产品的消费，并不同时减少其他人对该产品消费的那类产品。而与公共产品相对应的是私人产品。公共产品的这一定义是由美国著名的经济学家保罗•萨缪尔森首先提出来的。公共产品的形式化定义奠定了现代财政学的基础。从此，公共产品才与私人产品一样被纳入经济学分析框架内，从而使分析公共产品的最优配置成为可能。在西方经济学中，公共产品是一个具有特定意义的概念，它与私人产品的区别主要是从消费该产品的不同特征来进行区分的，并不是指产品所有制性质的不同。与私人产品相比，公共产品具有以下四个特征。

第一，效用不可分割性。公共产品具有共同受益与消费的特点，其效用为整个社会的成员所共同享有，不能分割，如国防。而根据受益范围的大小，可以将公共产品区分为全国性公共产品和地区性公共产品两类。

第二，消费非竞争性。公共产品一旦被提供，增加一个人的消费并不会增加任何额外的成本，这是在强调集体所提供的公共产品的潜在收益。

第三，受益非排他性。某个人或者集团对公共产品的消费，并不影响或妨碍其他个人或者集团同时消费该公共产品，也不会减少其他个人或集团消费该产品时的数量和质量，即公共产品一旦被提供，想要排除一个额外的消费者，在技术上来说是不可行的。公共产品的这一特征表明了通过市场机制提供公共产品所具有的潜在困难，如航海中的灯塔。

第四，目的非营利性。提供公共产品不以营利为目的，而是追求社会效益和社会福利的最大化。

综上所述可见，公共产品的上述四个特征是密切联系的，其中，核心特征是消费非竞争性和受益非排他性。

（2）市场失灵。

所谓市场失灵，是指由于市场机制不能充分发挥作用而导致的资源配置缺乏效率或资源配置失当的情况产生。一般来说，导致市场失灵的原因主要有垄断、外部性、公共产品和信息不对称等。

第一，垄断。从长期来看，只有在完全竞争的市场上，企业的生产成本才是最低的，市场机制才能实现资源的有效配置，资源才能得到充分利用，产量最低，价格最低，消费者的需求才能获得最大满足。不过，在现实生活中，完全竞争市场只是一种理论假设。事实上，大部分产品都处于不完全竞争市场中，或处于完全垄断市场或寡头垄断市场和垄断竞争市场中。在这些不完全竞争市场中，生产者不再是完全的价格接受者，而是完全的或不完全的价格决定者，存在着各种各样的进入障碍，资源已经不可能在部门之间进行自由的流动。从长期来看，生产者生产的产量不是最大的产量，市场价格也不是最低的价格，成本也比完全竞争市场条件下的生产成本要高，消费者的需求将不再可能获取最大满足。而在完全垄断市场中，企业按照边际成本等于边际收益的原则选择最优产量，并按照这一最优产量来确定销售的价格。有时，垄断企业还要对不同的买主实行价格上的歧视，即差别定价。这样垄断企业的产量就会低于社会的最优产量，而它所制定的价格却会高于市场均衡价格，消费者的剩余因此减少而生产者的剩余因此增加，社会福利因此受到了损害。

第二，外部性。所谓外部性，是指某个人或某个企业的经济活动对其他人或其他企业所产生的影响，但却并没有为此而付出代价或获得收益。这里所说的影响是指一种活动所产生的成本或利润未能通过市场价格反映出来，而是无意识地强加于他人。外部性可以分为外部经济和外部不经济。所谓外部经济，就是某人或某企业的经济活动会给社会上其他成员带来利益，但是该人或该企业却不能由此得到补偿，如企业培训雇员、家庭对周围环境进行绿化等。所谓外部不经济，就是某人或某企业的经济活动会给社会上其他人带来损害，但是该人或该企业却不必为这种损害进行补偿，如企业排放污水、吸烟等。而根据经济活动的主体是生产者还是消费者，外部性可以分为生产的外部性和消费的外部性。

由于外部性或外部影响的存在，市场机制就不能有效地进行资源配置。对于产生外部经济的生产者而言，由于其私人的收益小于社会的收益，因而就缺乏生产的积极性，其产出的水平就会低于社会最优的产出水平。而对于那些产生外部不经济的生产者而言，由于其边际私人成本低于边际社会成本，于是，就倾向于扩大生产，其产出水平就会大于社会最优产出水平。外部性可能导致资源配置失当。即使是在完全竞争条件下，由于存在外部性的影响，整个经济的资源配置也不可能达到帕累托的最优状态。

第三，公共产品。由于公共产品存在非竞争性和非排他性，消费者更愿意采取搭便车的行为，如低报或隐瞒自己对公共产品的偏好，社会因而无法知道每个消费者的需求曲线，从而造成市场的失灵。

第四，信息不对称。完全竞争的市场中，作为经济活动参与者的生产者和消费者对影响其选择的相关经济变量都有充分的完全相同的信息。但是在现实的经济活动中，往往存在这样一种情况：在某项经济活动中，某一参与者比对方拥有更多的影响其决策的信息，这就是信息不对称现象，如劳动力市场的求职者比雇主对自己的能力信息了解得更多一些，因此劳动力市场上供求双方之间也会出现信息不对称现象。

信息不对称的表现形式可以归结为两类：逆向选择和道德风险。所谓逆向选择，是指由于公共产品买方和卖方之间信息不对称，市场机制导致某些商品或服务的需求曲线向左下方弯曲，最终的结果是劣质商品或服务驱逐优质商品或服务，以致市场开始萎缩，如旧车、保险、劳动力市场等。

2.公共财政的特征

公共财政主要有以下基本特征。

（1）公共财政是弥补市场失灵的财政。市场经济是市场机制在资源配置中发挥基础性作用的经济形式。在完全竞争的市场环境中，追求自身利益最大化的理性经济主体，依据市场价格信号，自发地从事经济活动，使得社会资源在此过程中能够进行有效的配置。而市场在能够有效运行或正常发挥作用的领域，是无须政府及其财政进行干预的。不过，由于许多市场还有无法有效配置资源或无法正常发挥作用的场所，即会出现市场失灵问题。而我们要指出的是，公共财政的这一弥补市场失灵的特征，也对政府及其财政与企业、个人之间的活动范围做出了原则性的划分，即企业和个人在市场有效的范围内活动，而政府及其财政则于市场失灵的范围内活动。由于政府和财政通过弥补市场失灵，为社会公众提供公共产品和公共服务，以满足社会公众的共同消费需求，因而就具有了鲜明的公共性特征。

（2）公共财政是一视同仁的财政。公共财政应该为市场经济活动的各个主体提供一视同仁的服务。市场经济的效率性，是通过经济主体之间自愿对等的交换行为而实现的。而要达到自愿对等交换的目的，各个经济主体必须要置身于公平竞争的外部环境中。政府与其财政活动直接作用于市场活动主体，直接影响着它们的市场行为。因此，政府及其财政就必须要对所有的市场活动主体一视同仁；如果对不同的市场主体施予不同的待遇或政策，那就意味着政府在支持了某些经济主体的市场活动的同时，又抑制了另一些市场主体的市场活动。这样的政府就是在以非市场的手段，直接介入和干预市场的正常运转。显然，这是违背市场经济根本要求的。

在财政支出方面，政府财政所提供的服务是适用于所有的市场活动主体的，或者说是服务于所有市场活动主体的根本利益的。在财政收入方面，对于某些经济成分征收较高的税率，而对另一些经济成分却征收较低的税率，势必就造成了纳税人不同的税收负担，这样就会人为地破坏公平竞争原则，创造不公平的市场竞争条件。由此可见，财政必须采取一视同仁的政策，才能避免政府活动破坏市场公平竞争的条件。

（3）公共财政是非市场盈利的财政。盈利是人们从事市场活动的直接动力。而市场之所以会产生失灵问题，就是因为它无法确保市场活动主体获得应有的或正常的市场盈利。这样在市场失灵领域活动的政府及其财政，就不能直接进入市场去追逐经济利润，而只能将社会利益作为活动目标，只能从事非营利性活动，从而使得公共财政成为非营利性的财政。

尽管企业活动于市场有效领域内，而政府活动于市场失灵领域内，但是现实的经济活动却是极其错综复杂的，大量的活动是需要企业和政府共同介入和承担的。为此，非营利性就有了一个标准，以此来界定两者在共同活动中的参与程度。当某些行业的活动为社会公众所需要，并且可以有一定的市场收入，但是达不到市场平均利润水平的时候，政府和企业是可以共同承担这一类活动的。通常，政府通过财政投资或补贴等方式，使得投资该行业的企业具有获得平均利润的能力。这样，政府就等于是运用自身的财政投入，支持了该行业的发展，从而为整个社会的利益服务。与此同时，由于企业可以获得平均利润，因而承担起了部分或主要的投资任务，从而减轻了财政的负担。这样公共财政的非营利性活动，就与为市场提供公共产品和公共服务相互联系了。

（4）公共财政是法治化的财政。市场经济本身就是法治经济，对于政府而言，其活动和行为应该置于法律的根本约束与规范之下。显然，财政作为政府直接进行分配活动的工具，在市场经济下必须要受到法律的约束和规范，从而让公共财政具有法治性。

二、财政职能分析

（一）财政职能历史演变与活动环境

所谓财政职能，是指财政在社会经济活动中内在固有的功能。在不同的财政模式中，这种职能有着不同的表现。而现代财政所承担的各项职能及其相应的内涵，是随着市场经济的发展而不断进行演变的。

1.财政职能历史演变

从发展历史来看，现代财政所承担的职能及其内涵经历了一个不断变化的过程。在西方的自由放任市场经济时期，存在的是“小政府”与“小财政”状态。此时，公共财政履行的职能只有一个，即效率职能。总体而言，它体现在斯密和穆勒等人学说的内容中，即如何维持政府机构的存在，履行国家的对外防御或扩张，对内维护社会治安或镇压各种破坏和扰乱现有秩序行为的职能；提供各种基础设施，如道路、桥梁、港口、灯塔、消防、市政规划等。这些职责形成于西方社会自中世纪末现代意义上的国家中，既是政府已经具有的，也是现代国家所必不可少的。

在历史发展的进程中，西方公共财政以此为基础，拓展了自己所承担的财政职能及其具体内涵。从效率职能来看，其范围和规模都有了很大的扩张，如对环境污染问题是由放任不管到全力干预和管制；而公平和稳定职能，则是随着西方市场经济的发展，不断从自由放任向政府干预方面进行转化，到19世纪末才逐步产生，到了20世纪30年代后才表现得更为明显。西方公共财政职能的这种扩张，让西方社会抛弃了传统的“小政府”与“小财政”的主张和政策，而表现出急剧扩张活动范围和规模的态势，开始进入了政府和财政几乎是全面干预社会经济生活的时期。但是不管如何改变，西方的公共财政仍然遵循着一条基本准则，即它只能为市场提供公共服务，始终都保持了原有的“公共性”。所以，存在于现代市场经济基础之上的就是“公共财政”，即现代财政就是公共财政。

2.财政的活动环境

财政履行其职能，必须是在特定的经济环境下进行的。现代公共财政的活动环境就是混合经济。而认识和探讨现代财政职能的问题，只能围绕政府与市场经济关系来进行。在市场经济环境下有公共经济和私人经济两大部门存在着，它们共同构成了一个统一的现实经济环境，即现实的市场经济。由此可见，现代财政的职能就是如何处理财政与混合经济的关系问题。

混合经济将原本相互对立的私人经济和公共经济包含于市场经济统一体中，由市场机制和计划机制共同配置社会资源，但是其中具有基础性配置作用的一定是市场机制。在混合经济中，既有市场机制对私人经济部门的直接发挥作用，引导和左右着市场竞争，通过市场价格去配置资本、劳动力和土地等生产要素。与此同时，又有非市场机制发挥作用，即公共部门以计划方式和行政手段等去配置社会资源，并且还介入社会分配公平和宏观稳定经济等方面。简而言之，这是一种既有市场力量又有非市场力量相互作用的经济模式。

由于有了以上的这些区别，就使得公共经济和私人经济不能相互替代。这样不仅市场失效需要政府活动的补充完善，也存在着“政府失效”现象。所谓“政府失效”，是指政府弥补市场失灵的行为未能符合市场效率准则的根本要求或未能发挥正常作用，从而对市场造成了不应有的危害。这就需要市场发挥基础性的资源配置功能，需要市场的根本约束和决定作用来防范政府失效的出现。因此，公共经济和私人经济在相互交融的同时，又有各自相对独立的活动领域。整个社会的资源要素和产品分布在公共经济和私人经济两个部门，既在各自部门内部流动，也会通过多种渠道向对方流动，从而共同构成了一个完整的经济运行体系，完成了一个统一的经济进程。

混合经济建立在市场经济基础之上，这不仅表现在私人经济直接受到市场机制的支配，而且还表现在公共经济也必须完全遵循市场效率准则，也受到市场的支配。与此同时，它还表现在公共经济和私人经济之间基本是通过市场渠道来进行联系的。政府的征税收费尽管属于非市场行为，但是它只解决了政府能够拥有一定量的货币收入的问题。除此之外，政府还必须通过市场交换活动，才能获得自己所需的资源和要素。

另外，在混合经济中，公共部门与私人部门之间的相互作用和联系，是通过要素和收入在两大部门之间多渠道、全方位的流动来进行的。政府征税和发行公债，引发货币流从私人部门向公共部门的转移，政府财政的各类转移性支出则导致货币流从公共部门向私人部门转移。政府财政的购买性支出，引发产品和劳务从私人部门向公共部门流动，私人部门通过缴纳使用费和规费等方式，而获得政府提供的服务。在货币和产品、服务的相互易位易形的过程中，正是由于两大部门的这种相互交往和联系，才形成了统一的市场经济。而双方这种犬牙交错、纷繁复杂的交往，很大部分是通过公共部门在产品市场和要素市场，依据等价原则的购买实现的。这些又都充分地说明了此时的政府与公共财政是以市场经济为立足点来履行其职能的。

在市场经济下，财政与公共经济之间存在着以下三个方面的关系。

第一，公共经济活动并不等于政府活动，因而公共经济活动也不等于公共财政活动。除了政府与其附属机构之外，公共企业的活动和其他集体性活动也都属于公共活动，而且都具有公共经济的性质。

第二，政府活动是公共经济的基本内容。由于公共活动基本上是无法有相应的市场回报的，对于大部分的公共活动，人们是难以自愿参加的，而常常是通过政府的强制方式才得以开展，而公共财政是政府强制性活动的集中体现。

第三，财政活动是公共经济的中心内容。公共经济的主要活动是依靠政府收支来提供财力的。这就是通过政府的投资支出，或者形成政府附属机构和公共企业，或者通过政府对私人企业的补助和税收优惠等，来完成政府的公共活动。换言之，这是通过政府收支来推动整个公共部门的活动，从而完成为市场提供公共服务活动的任务。

因此，人们对于公共经济实践活动的分析、把握和考察，主要是围绕着政府的收支活动来展开的。在政府收支的过程中，贯彻财政政策，有意识地对社会资源进行配置、对市场经济活动进行干预和调控，财政因此成为政府活动的中心。

市场经济下的财政是公共财政，这是由市场经济体制本身所决定的。研究公共财政职能必须以政府与市场的关系为基础，研究在市场经济体制中财政内在固有的功能。市场经济下政府对经济的干预主要是有三个方面的考虑：一是力图矫正市场失灵，提高效率；二是利用税收向特殊群体进行分配，促进公平；三是依靠税收和货币进行调控，支持宏观经济稳定发展。这不仅表明政府调控经济的必要性，而且还揭示了政府干预经济的主要目标，即资源优化配置、收入公平分配、经济稳定发展。

（二）资源配置职能：效率职能

现代财政弥补市场失灵，首先要克服和纠正各种市场低效和无效配置的状态。因此，确保政府配置资源的效率性，就成为现代财政的首要职能。

所谓资源配置职能，是指财政通过对现有的人力、物力、财力等社会经济资源的合理调配，实现资源结构的合理化，使其得到最有效的使用，获得最大的经济和社会效益。资源配置问题是经济学中的核心问题，经济学所要讨论的问题归纳起来就是资源的使用效率问题。资源的使用效率有两层含义：一是资源的充分利用，因为资源总是有限的，或者说是稀缺的，能否做到资源的充分利用，决定了一国的实际产出和物质福利水平；二是被充分利用的资源是否真正被用得恰到好处，即是否达到最优配置。在资源总量配置既定的情况下，资源总量越接近充分利用，资源的使用效率就越高。若资源总量利用达到一定程度时，资源配置效率就越接近于最优状态。资源总量的利用问题是宏观经济总量的问题，与此相关的问题将在财政的稳定经济职能等章节中讨论，这里讨论的财政资源配置职能是假定在资源利用到达一定程度的前提下，或者应该是在预算平衡的前提下。

1.资源配置职能认知

在市场经济条件下，市场在资源配置中发挥着基础性作用，但是它不排斥财政对资源的配置。因为市场经济理论要求提高资源配置的效率，即达到资源配置的最优状态，西方学者通常称这种最优状态为帕累托效率。按照帕累托效率的标准，当资源的配置达到这样的状态时，即资源的重新配置在让一部分人的境况变得更好的同时，又让另一部分人的境况变坏；当原有的资源配置达到最优状态，如果可以通过资源的重新配置让一部分人的境况变得更好，又不会让另一部分人的境况变坏，那么，说明原有的资源配置没有达到最优，就有必要通过财政进行干预，以达到资源配置的最优化。

对于私人产品来说，其个人消费性决定了产品可以由市场提供，并获取相应的市场价格。通过市场购买与价格支付，就能充分体现其个人的真实偏好。在市场价格信号的指引下，社会资源将处于最佳配置状态，即帕累托效率最大化。因此，私人产品的效率配置是依靠市场机制解决的。对于公共产品而言，由于公共产品的共同消费性，使得消费者即使没有支付相应的价格，但是只要政府提供了公共产品，就能够享受到该公共产品的消费效应。

由于不同的消费者对于同一公共产品有着不同的消费偏好，如果公共产品的价格直接依据消费者的个人偏好来确定，则应该是偏好越强烈者缴纳的税收越多，反之则会是越少。而在市场经济中，政府之所以可以向全体公民征税，是由于它向社会公众提供了公共产品。于是，税收就是公共产品的特殊价格，即人们在消费了政府所提供的公共产品后而必须支付的价格。从根本上来看，“税收价格”的确定，也应该遵循市场效率准则，即按照消费者的边际偏好来确定每位消费者所应缴纳的税款数额。这样就会导致理性的消费者产生“免费搭车”的心理和行为，并且自然会低估自己对于公共产品的边际偏好程度。一旦人们都普遍隐瞒自己的偏好，就会带来税收不足的后果。但是如果不将税收与公共产品的价格挂钩，而仅仅考虑公共产品的供应数量，则又必然让消费者高估自己对公共产品的需求程度，从而导致公共产品的过量供应。所以，公共产品是不能通过市场竞争来实现有效提供的。通常，市场规则是等价交换，更要求精确确定利益边界和所有权边界，而公共产品却具有非排他性和非竞争性的特征，这些都让公共产品的消费变得不可分割，即公共产品的消费者所享受的份额是无法精确计算的。所以，不能由市场来提供，只能由政府利用财政来进行配置。

另外，公共产品的共同消费性，还决定了需要将无数个人的偏好汇总成为公共需求。这就让政府不能分别对每一公共产品去征收税款，以获得相应的经费来源，而是以一个总的税收体系（税收制度）来满足整体公共支出的需要。因而，也就无法有效地通过将单项公共支出与税收挂钩的办法，来解决消费者隐瞒自身对公共产品的偏好问题。尽管政府税收是强制征收的，但是只能解决资源配置的手段问题，而不能解决资源配置是否符合效率准则的问题。

完全的自由竞争市场只存在于理论的假设之中。当市场出现垄断、信息不对称、外部效应、不完全竞争市场等经济现象时，单靠市场机制的自我调节是难以实现资源的有效配置的，只能由政府运用财政手段减少市场失效所造成的资源配置无效或低效问题，这就是财政资源配置职能的内涵所在。

2.资源配置职能机制

所谓资源配置职能机制，是指政府通过财政手段来减少市场失效所造成的资源配置的无效或低效状态的途径或方式，是政府通过财政税收制度的选择、实施，即通过税收收入和其他非税收入方式将部分资源转移到政府手中，再通过政府财政的支出安排将所掌握的资源进行分配，以用于各种公共产品的生产和提供，以此来实现有限资源的合理流动。为此，现代财政就必须在基本遵循市场效率准则的基础上，依据自身的特点去寻求相应的能实现资源配置效率的方法。而关于财政资源配置职能机制的运行，具体可以从以下三方面来表述。

（1）解决公、私两大部门的最佳配置资源。这里是指在资源总量既定的前提下，如何将资源和要素有效配置于公、私两大部门之间的制度选择和设计。

私人部门对于资源与要素的索取，表现为付出货币与获得产品和劳务，即通过市场交换来完成。此时，企业和个人的活动不会导致资源和要素流向公共部门，不存在产生资源和要素过多或过少地配置于公共部门问题；反之，政府的活动却与之不同。政府的税收直接来自私人部门，即来自企业和个人，会直接导致资源和要素从私人部门向公共部门流动。 与此同时，由于税收的强制征收，一旦政府的行为不符合市场效率准则的要求，企业和个人是很难有效抵制的。因此，如何约束和限制政府的行为，将财政活动限制在适度的规模和范围内，就直接决定着政府对于社会资源和要素的攫取是否合理，从而决定着整个社会资源和要素在两大部门之间的分配比例是否达到了最佳。

政府财政取走的资源和要素应该既不能过多，也不能过少。过多就意味着过重的税收负担，过少则意味着公共产品供给不足。这两种情况都意味着公共部门没有适度份额的资源。所以，社会资源和要素在两大部门之间的最佳分布，不仅以政府从市场取走的份额来衡量，而且还必须以政府向市场提供公共产品的数量来衡量。

（2）有效配置政府部门拥有资源问题的解决。在确定了社会资源总量在两大部门的配置比例后，现代财政面临的将是如何将政府部门拥有的资源进行配置问题。

现代社会经济是一个错综复杂的有机整体，其中，很多社会经济主体从事着各种活动，相应地要求政府提供多种多样的公共产品。这种要求不但涉及公共产品总量，而且还关系到公共产品的构成。在资源总量既定的情况下，不管政府具体提供多少公共产品，提供哪些公共产品，都必须是社会公众所迫切需要的，即必须达到公共产品效用的最大化。因为任何一类公共产品供应规模的过量，都意味着另一类公共产品供应规模的不足。换言之，这是意味着资源配置没有能够处于效率状态之中。为此，政府通过征税收费而拥有了相应的资源和要素的占有量。之后，就面临着如何把握和汇总整个社会的私人偏好与欲望，并从全局出发安排整个政府预算支出，以求达到资源的最佳配置。不过，这是一个极为复杂的系统工程性问题，而依据市场效率准则，政府公共预算的安排必须以各项财政支出的边际效用相等为最佳。

（3）市场效率损失最小化问题的解决。财政的收支活动，除了能够配置社会资源外，还影响着私人部门的活动，甚至影响着社会资源配置的效率，这就要求政府要将财政活动对私人市场所造成的效率损失尽可能降低。

在财政收支活动中，单方面取走或给予资源和要素，必然或多或少地导致企业和个人的市场行为偏离原有的轨道，让资源配置变得扭曲，导致损失市场效率。从表上面上看，政府单方面的取得或给予有着明显的“无偿性”特征，似乎与“税收价格”的概念，即税收作为政府提供公共产品与消费者消费公共产品之间交换的价格理论相矛盾。其实，这里是从不同的角度分析所得出的不同结论。

公共产品与税收价格之间等价交换关系的“有偿性”是从其本质上考察而得出的结论；而政府将纳税人资源和要素单方面的“无偿”拿走，则是从直观意义上考察所得出的结论。从本质上来说，这两种结论都具有重要的现实意义，即政府财政的收支活动是政府征税与提供公共产品的活动之间，必须符合等价交换市场准则的要求，这是确保社会经济按照市场效率准则运行的关键。而从税收的具体征收过程来看，它却表现为一种不需要支付等价物的取得与给予，这必然会导致纳税人的财产或收益减少，进而又会引起纳税人行为和决策的扭曲，从而改变了资源和要素原有的配置状态，即发生了市场效率的损失。

解决这一问题的关键是要提高财政活动的效率，避免有限资源的浪费。具体可以从以下四方面入手：一是确定财政收入占国内生产总值（GDP）的合理比重，以保证财政资源配置的顺利实现；二是尽可能优化财政支出结构，贯彻国家总体规划的产业政策，保证重点建设的资金需求；三是妥善处理中央政府与地方政府的财政分配关系，以保证中央政府掌握实施宏观调控所必需的财力；四是在积极运用财政手段引导和调节私人部门的投资方向和结构的同时，又要引导私人消费的方向和结构。

3.资源配置职能范围

在市场经济体制下，政府根据自身事权范围的大小来适度介入资源的配置过程，资源配置的范围应该是市场失灵而社会又需要的公共产品和服务领域。具体来说，资源配置的范围从以下五方面进行分析。

（1）国家防务。每一个国家都应该有一定的国防能力和实力，如果没有强大的国防，就没有和平安宁的建设和生活环境，尽管经济建设取得了很大成就，也无法保证建设成果归自己所有。所以，每个国家的政府都必须将相当份额的资源和要素用于国防建设上。由此可见，从古到今国家防务都是政府财政支出的最重要内容。国家防务是最典型的纯公共产品，国防费用开支基本上都是由政府财政预算安排。

（2）公共安全。通常，正常的社会秩序对于市场和资本的存在与发展都是必不可少的。财政为政府提供维持正常秩序、保证公共安全所需要的基本财力，可以为整个市场和资本的正常运转创造最基本的条件。因而，公共安全是财政支出最重要的内容和项目之一。其中，维持社会治安、提供消防服务、垃圾清理消毒等都是财政所提供的公共安全的主要表现，这些也都是最典型的公共产品。一般来说，这类公共产品的费用来源，大部分应该由公共财政来提供。但是有一些直接为城乡居民服务的项目，如日常生活保洁等，也可以通过收取服务费的方式来补偿。此外，政府在市场经济中还扮演着社会管理者的重要角色，如制定和颁布各种法律、法规和制度去规范市场秩序，提供与管理信息，如出台各种质量认定标准、发放各种营业执照等。当然，政府还负有保护文化遗产、珍稀资源等的义务，这类活动的费用也主要由财政负担。

（3）公共工程。为市场发展所需要的公共工程主要有三类。

第一，公共设施，如道路、桥梁、路灯、排污管道、港口码头、公园绿地等。通常，这类公共设施的大部分投资将由政府的公共支出来承担。当然，少数情况下也可以由私人投资来提供，如港口码头的建造。因为这类设施具有很强的“混合产品”的属性。换言之，它所具有的私人产品属性决定了它可以由私人投资来建造。

第二，交通基础设施。虽然这类设施具有一定的个人消费性，可以采用收取使用费的方式来补偿建造成本，所以可以由私人投资兴办。不过，由于这类设施又可以垄断，即具有可排斥性，因而又不能完全交由市场，而是需要政府适时介入，以矫正其垄断性的一面。故这类设施的投资有其特殊性：由政府全额投资，或者是由政府和私人共同投资，或者由私人全额投资。不过，这类设施的建设规划必须由政府审批认定，其收费标准也必须由政府以法定程序来确定。最为重要的是，无论投资方是谁，其定价都只能以不获取垄断利润为前提。

第三，是大型水利基础设施。现代财政必须具有相当的财力，以确保政府对防洪堤坝和调水灌溉等水利基础设施的投入。水利问题从来都是国家必须重视和努力解决的问题之一，其投资自然应该由政府通过财政预算来安排。不过，政府也从来未排斥私人投资于其中。

（4）外部效应。外部效应是在私人提供产品的过程中发生的，因此，外部效应的防范和纠正，基本上只能靠政府的介入。政府纠正和防范外部效应的行为主要有两类：一类是防止、阻止或减弱负外部效应的发生，如将治理环境污染的各种费用强制性地纳入该行为实施者的成本范围内，政府可以通过征收相应的税费来贯彻；另一类是支持、鼓励或褒奖外部效应的发生，如对个人植树造林的奖励、城市绿化的维护、自然野生动植物的保护等，这些行为常常是以财政发放补贴的形式来实现的。此外，还有对基础产业和新兴产业的直接介入。

（5）自然垄断行业。在各国的自然垄断行业或领域内，如果没有政府的控制或介入，投资这类领域的私人部门就总是能获取垄断利润，进而影响市场竞争的公平性，甚至会导致社会资源和要素受到影响。对于这类领域，政府有多种介入方式，如可以采用直接投资、提供财政补贴。当然，政府也还可以通过定价政策来发挥相应的影响力。

（三）收入分配职能：公平职能

在市场经济下，政府有义务和责任遵循社会认可的“公平”和“公正”原则，通过财政收支对国民收入、财富与社会福利进行再分配，以让整个社会处于相对公平的状态。

1.收入分配职能认知

所谓收入分配职能，是指财政通过收支活动对各个社会成员的收入在社会财富中所占份额进行调节，以实现收入公平分配的目的。收入或财富的分配原本是市场资源配置的结果，而对这个结果进行调整或纠正，是财政收入分配职能的表现。

目前，社会公平涉及的是国民收入等的分配状态，即社会成员之间的贫富分布状态及其差距问题。这可从以下两个层面来理解。

第一，它仅指国民收入、财富和社会福利在社会各阶层之间的分布状态问题。当这种分布导致了贫富差别，才产生了社会的公平与否的问题。

第二，公平与否依据特定时期内和不同国家的标准来确定。不同时期、不同国家有着不同的社会公平标准，甚至在同一国家的不同区域间也存在着某种公平标准的差异。近年来，我国开始实行的“最低工资水平”，这个“最低工资水平”，在不同地区其标准就有所不同。其中，沿海地区高于内陆地区。

在市场经济中，收入和财富的分配首先取决于生产要素的“生产能力”或其“贡献”的大小，即取决于每个分配主体所拥有的生产要素的状况与人们所提供这些要素的市场价格。一般来说，生产要素的状况决定竞争的分配结果。竞争会带来高效率，但是又往往产生不公平的分配结果，因为各分配主体拥有的生产要素数量不同、禀赋不同。生产要素占有数量的多少，决定了它们在市场竞争中的价格。 由于不完全的市场竞争也可能导致市场价格的不同，所以，据此来进行的分配也会出现偏差。这就需要由政府来进行调整和再分配，这是现代财政的收入分配职能。当然，对于不公平的收入分配结果，可以选择一些方式进行纠正或调节方式，如可以通过慈善事业来进行收入和福利的自愿再分配。要注意的是，将这种再分配用于大规模的社会分配是不可能的，因为它缺乏协调和统一，极容易产生混乱。不过，由于政府占据有利地位，所以，收入再分配活动可以在全社会范围内进行统一、协调和规范。

2.收入分配职能机制

财政在执行其收入分配职能时，首先要认识自身的运行机制，即在对收入分配过程进行调整和纠正时要考虑如何处理与市场收入分配机制的关系。

一般来说，在以公平和效率为市场经济的条件下，任何一个国家都面临的一项重要抉择，它制约了政府的活动与财政对收入分配的干预。财政在调整个人收入分配问题时，必须考虑公平与效率的得失，并且在两者之间进行权衡。由于政府的财政再分配在一定程度上模糊了生产要素“贡献”与收入分配结果之间的对等关系，这种公平名义下的再分配就易损伤分配主体的生产经营积极性，影响他们的生产和投资决策的行为，从而造成资源使用的效率损失。所以，财政在进行收入的再分配时，必须考虑这种调整对效率产生的影响，在再分配政策所导致的效率损失与公平分配的收益之间进行权衡，从而选择财政收入分配的方法和限度。

从世界各国发展的经验来看，发展生产力、提高资源配置效率一直是各国财政面临的首要问题。在发展中国家中，其财政在调节收入分配政策取向上总是强调效率优先、机会均等、兼顾收入公平。换言之，就是要把财政公平建立在竞争公平的基础之上，把公平竞争和机会均等作为财政分配中公平与效率的结合点。正是因为此，在界定财政收入分配职能时，应该强调以下机制问题。

（1）财政不应该过多地干预劳动收入分配，即对于按劳分配的结果，财政不应该大幅度介入。按劳分配原则已经包含了社会公平的含义，所以，从理论上来说，它不属于财政收入分配机制的范畴。在社会实践中，因征收个人所得税所产生的财政收入再分配结果，应该通过体现量能负担等税收公平原则的税收制度的设计来解决。

（2）财政应该满足社会成员的最基本需求。这里所说的社会成员，主要是指对于那些无竞争能力、无劳动技能或者劳动技能较低的老、弱、病、残者，财政必须通过转移支付制度的设计和实施来解决这类社会成员的生存问题。

（3）财政应该把收入差距缩小到合理的范围内。对于凭借生产资料的所有权参与收益分配所形成的收入及其他非劳务收入，财政应该加强调节，尽可能地把这类收入差距控制在一定的幅度内。

（4）财政应该规范公务员工资。因为一般企业员工工资实行的是按劳分配，其工资水平由劳动力市场价格和企业经营成果来确定。而公务员工资却难以完全遵循按劳分配的原则，必须由财政予以保证和调控。

3.收入分配职能范围

现代财政依靠强制性的税收收入来源，为社会提供了公共教育、福利服务、公共卫生、防疫保健、住房消费等公共产品，以减轻市场经济中收入分配不公平的程度。总体而言，这些主要是通过税收调节、转移支付和公共支出等来完成的。

（1）公平税负以保证公平竞争环境。在竞争起点不同的情况下，财政通过税收进行收入再分配活动。这是一种带有强制性的、在全社会范围内对收入进行直接调节的活动。这可以从两个层面来理解：一方面，税收对不平等的经营权利和环境进行调节，如调节垄断经营和不正当竞争收入、调节自然资源差距带来的级差收入，尽量消除收入不平等中的机会不平等；另一方面，对平等竞争条件下所获取的收入采用相对“中性”的税收政策，以保护其积极性。当然，在税制设计时，要考虑不同税种的作用和特点，因为单一的税种不可能覆盖所有的财政政策目标。而在实际上，各国实行的都是复合税制。

（2）转移支付以保证公平竞争实现。通过财政转移支付进行的收入再分配是一种更直接的方式，它能将货币直接补贴给受益人，有明确的受益对象和范围，在实践操作上也有明确的政策选择性。所以，对改变社会分配不公平有更为显著的作用。这时，界定财政转移支付的对象、范围和数量，就成为非常重要的选择。因为滥用转移支付很容易造成平均主义，助长无效率情况发生。从农业这类弱势产业的财政扶持上来看，为了增强农民的竞争能力，实现收入分配公平的目标，应该增加农村教育投入，提高农村劳动力本身的文化素质和接受科学技术的能力，再辅之以适当的农村税费减免优惠和农业补助、增加农田水利建设的投资等。

（3）公共支出以保证公共福利均等。一般来说，这是一种间接的财政方式，它减少了个人的选择机会，受益对象具有广泛性和普遍性的特点。但是这种财政方式易降低财政进行再分配活动的质量。为了实现收入分配公平的目标，对实现手段进行合理选择是非常必要的。其具体实施办法如下。

第一，征收个人所得税。私人的劳动收入和资产收益差距，是导致社会产生收入差距的基本原因。个人所得税直接针对这部分收入课征，并在超额累进税率的设计下，用较高的税率拿走了富裕阶层的部分收入，而对于贫穷阶层则不征税或者只征很小比例的税款。这样个人所得税是对个人由于劳动能力和财富占有的差别所产生的贫富差距现象进行了抑制。

第二，征收财产税。在实行个人所得税之后，社会成员之间在收入上仍然有相当大的差距，它可能引发或加剧社会财富与财产分布的不公平状态。而将财产差距所引起的财产收益差距拉大，这样就会进一步扩大社会分配不公平。政府财产税的设计，主要是对富裕阶层征收的，它会缩小社会各阶层在财产分布上的差距，从而有助于缩小社会成员在财富上的差距。因此，有人将财产税视为利用财政手段防止社会不公平的第二道防线。

第三，征收遗产与赠与税。由于遗产是让财富分布差距在不同代人之间累积的直接因素，因而遗产与赠与税的征收，将会进一步控制财富及其收益两极分化的累积程度。

第四，财政济贫支出安排。这是各国政府依据相关的济贫法案法规等，通过政府预算的支出安排，对处于“贫困线”以下的社会成员给予生活补助。所谓“贫困线”，就是指维持社会成员个人和家庭最低生活水平的收入标准。

第五，财政社会保险支出安排。在市场经济条件下，失业、疾病、伤残和退休等是必然存在的现象。虽然这类现象是社会成员个人在市场的自发作用中产生的，这类现象的应对和克服可以完全由个人来承担，但是从社会范围来看，由于这类现象的普遍性和必然性，它不仅仅影响某个人或家庭的遭遇或处境，而且还是关系到整个社会秩序和市场运行是否正常的重大问题。再者，由于个人应对市场风浪的能力非常有限，即使是社会团体的力量也不足够强大，也需要政府财政大力发挥作用。为此，政府需要建立社会保险制度，并且要通过公共财政支出安排为其提供相应的财力保证，这样才能较好地解决社会保险问题。实际上，由于社会保险制度对于社会的贫穷阶层是大为有利的，所以它具有让社会福利保持公平的作用。

第六，财政社会救济和抚恤支出安排。在现代社会，可能会有自然灾害发生。为了减少自然灾害给社会带来的影响，就必须依靠政府财政上的直接支出。为此，现代财政于各种社会救济和社会抚恤的费用支出，在客观上发挥着公平社会福利的作用。

第七，政府干预自然垄断行业。由于市场经济下的规模报酬是递增行业自然垄断的结果，政府因此必须及时介入。为此，政府对这类行业通常实行价格限制，以防止它为了谋取垄断利润而损害公众利益。再者，在当地，自然垄断行业大多属于生产或生活的必备条件或生活必需品，如自来水、燃气、市内公交等，其价格水平影响着整个区域的生产和生活状态，具有强烈的外溢效应。因此，政府往往通过公共财政或者直接投资对这类企业实行国有，或者提供补贴以抵补其亏损等，对自然垄断行业实行低价政策。而政府的投资性支出则是调节整个社会经济生活的重要手段。

（四）稳定经济职能：稳定职能

在市场经济条件下，由于市场机制的自发性作用，使得社会经济发展总是处于一种周期性的波动之中，即商业周期性循环的状态之中。

1.稳定经济职能认知

所谓稳定经济职能，是指通过实施特定的财政政策，实现充分就业、物价稳定、经济适度增长、国际收支平衡等目标。由于市场机制的作用，不可避免地造成社会总供给与总需求的不平衡，从而引发通货膨胀、失业、经济危机，甚至还会出现与通货膨胀和经济停滞并存的“滞胀”局面。这就需要政府对市场进行干预和调节，以维持社会生产、就业和物价的稳定。因此，稳定经济增长就自然成为财政的基本职能之一。

所谓“稳定经济”，其含义具体为：充分就业、物价稳定和国际收支平衡。从根本上来说，这些都属于宏观经济总量平衡的问题。而关于“经济增长”的含义可谓是众说纷纭，其中，有一种意见认为，经济增长就是经济持续、稳定地健康发展；另一种意见认为，经济增长的概念应该包括发达国家、发展中国家和不发达国家或地区，它不仅是指经济的适度增长，如GDP、NI与人均水平，而且还包括资源的利用效率、产出和收入结构的变化，以及社会生活质量的全面提高。

2.稳定经济职能机制

通常，在传统的计划经济体制下，经济稳定增长的目标是由计划来实现的，经济发展的不稳定也常常是因计划的失误而造成的。所以，政府用计划的调整和行政的办法来解决，如压缩基建、削减支出，最终以效率损失和减缓经济发展的代价来换取经济的稳定。在市场经济条件下，财政的稳定经济职能并不是由政府直接操纵，而是通过确立公共支出和税收机制，辅之以货币政策的协调，以此来为经济的稳定增长提供必不可少的前提条件。具体调解方式与机制如下。

（1）调节社会供求平衡的相机抉择机制。财政调节社会总供给和总需求不应仅仅着眼于政府财政收支的平衡，而是应该从整个社会经济的协调发展入手，以影响物价水平；调节社会投资需求水平与结构以及个人消费水平与结构，进而促成社会总供给与总需求大体保持平衡。当供大于求时，政府应该采取扩张财政政策：或扩大财政支出，或减少税收，或两者并用，以增加有效需求，促使总供给与总需求平衡；当供不应求，需求过旺，供应相对不足时，政府则应该采取紧缩的财政政策：减少财政支出，或者增加税收，两者并重，以抑制过度的需求和通货膨胀，促使总供给与总需求保持平衡。而政府通过有目的、有计划的集中性收支活动来调节微观经济主体，并不利于宏观经济协调发展的行为因素，这就是所谓的相机抉择机制。

（2）完善灵敏的政策自动传递机制。政府除了主动运用相机抉择机制来稳定经济外，还会通过设计财政的自动传递机制来实现稳定经济的目标。所谓财政的自动传递机制，是指财政分配本身所具有的自动实现稳定经济职能的制度安排。当社会经济出现萧条时，如生产停滞，失业增加，财税制度会自动趋于提高总需求，恢复经济平衡；而当恢复经济繁荣时，如果物价上升迅速，财税制度又会自动降低总需求，就能实现稳定的目标。这种自动稳定的财政机制，是借助于累进的所得税制度和社会福利转移支付制度的确立来完成的。换言之，要想稳定经济目标的自动实现，就要求有健全的财税制度、完善的市场体系和灵敏的政策传递机制。

（3）财政政策与货币政策的组合协调机制。市场经济也是货币经济，每项经济活动都与货币的运动有着密切的关系，政府的财政收支活动也都与政府的货币政策有着直接的关联。因此，稳定经济的财政机制必然需要财政政策与货币政策的鼎力相助。这可以从两方面来理解：一方面，财政政策和货币政策各有所长，财政政策主要通过财政收支规模和结构的变化、调整来影响经济，货币政策主要通过控制货币供应量来适应不同时期经济发展的需求。所以，政府对现金储备、贴现率、公开市场业务、信用控制等货币政策的运用，就必然成为实现稳定经济目标的重要机制。另一方面，财政政策措施和货币政策措施只有相互配合、取长补短、形成合力，才尽可能让政府获得最大的政策效应。

3.稳定经济职能范围

西方市场经济国家的发展史表明，随着市场经济体制的培育和推进，各国经济周期的间距越来越短，经济波动的幅度越来越大，频率越来越快，经济危机造成的危害也越来越严重。其中，最典型的表现是在20世纪30年代世界性经济危机爆发后，如果不能有效解决这次经济危机，西方市场经济体制将会被否定。财政稳定经济职能机制的建立，就是要求政府运用财政政策，再辅之以货币政策和其他政策，来实现社会总供给和总需求的相对平衡，以及在平衡中经济增长的目标。经济稳定增长的目标集中表现在实现社会总供给与总需求的基本平衡。若总供给与总需求大体平衡了，物价基本上是稳定的，经济增长基本上是适度的，基本上就可以实现充分就业和国际收支平衡的目标了。

不过，经济危机并不是表明市场机制无力配置资源，而恰恰是市场有效运行的结果。从某种意义上来说，市场配置的社会资源越是充足，市场发展的状况越好，则社会生产出现相对过剩的可能性就越大，发生经济危机的规模就越大，资源损失会越多，对市场经济的破坏力会越严重。因此，市场经济尽管在微观上能达到资源最佳配置状态，但在宏观上却无力进行自我调节与保持平衡，以保持经济稳定的状态。

由此可见，政府是调控宏观经济的唯一有效力量。政府是掌握政治权力的社会性机构，具有对国家的宏观经济活动进行调节控制、施加影响的能力。只有政府才能直接掌握实施宏观经济调控的财政机制和手段。宏观经济运行的不稳定是由于私人经济部门的总供给与总需求的失衡，而要想纠正这一失衡，必须依靠政府的财政活动。其中，财政稳定经济机制的运行，就是财政履行稳定经济职能的具体表现。

需要强调的是，从短期效应来看，政府的财政调控机制作用的重点是要满足社会总需求。不过，若从长期效应来看，它要实现社会经济稳定中的增长，财政应该是重点调节社会总供给，如对资本积累的调整、劳动力供给与产业结构的调整等。换言之，优质高效的产业结构是经济长期增长的一个基本条件。财政稳定经济机制的运行应该配合国家的产业政策，引导社会各个部门调整投资结构，优化产业结构，提高产品档次，以实现高水平的经济增长为目标。

第二节　财政收入与支出

一、财政收入

财政收入，又称公共收入，是指政府为了满足其支出需求，而参与社会产品分配所获得的各种收入。财政收入的定义可以从不同角度加以描述，从而有了广义财政收入和狭义财政收入的区分。所谓广义财政收入，包括政府的一切进项或收入，主要有税收收入、公债收入、国有资产收入和各种行政收入等。所谓狭义财政收入，仅仅是指政府每年的“定期收入”，即被称为“岁入”的收入，只包括税收收入和除公债外的非税收收入，如各种规费、管理费、政府提供劳务的工本费、公产收入及国内外援助收入等。政府获得财政收入主要凭借公共权力，如政治管理权、公共资产所有权、公共信用权等，其中，政治管理权是核心。

（一）财政收入的分类

为了深入研究影响财政收入的因素，探寻增加财政收入的主要途径，加强对财政收入的管理，需要根据各种财政收入的特点和性质，对财政收入进行一定的分类。而常用的分类方法主要有以下五类。

（1）按照财政收入的获得有无连续性可分为经常性收入和临时性收入。所谓经常性收入，是指政府在每个财政年度连续、反复获取的收入，主要有税收收入、行政收入、国有资产收入和国有企业收入等。所谓临时性收入，是指政府所取得的不经常或不规则的财政收入，主要是公债收入。

（2）按照财政收入所凭借的获得权力可分为公法权收入和私法权收入。所谓公法权收入，是指政府凭借政权强制地从社会成员手中获取的财政收入，主要是税收收入和罚没收入等。所谓私法权收入，是指政府依据任意原则或自愿原则从社会成员手中获得的财政收入，如国有财产收入、国有企业收入和公债收入等。

（3）按照财政收入的获得对国民经济购买力所产生的影响可分为财政政策性收入和货币政策性收入。所谓财政政策性收入，是指政府通过征收现有购买力的一部分而形成的财政收入，主要有税收、公债、罚没款等。所谓货币政策性收入，是指政府采用铸造货币、发行纸币等方式来创造购买力而获取的财政收入，如中央银行直接认购公债，这就是在间接地发行纸币。一般情况下，财政政策性收入仅仅是社会购买力的转移，不会增大整个社会的购买力总量；而货币政策性收入却是凭空增加的社会购买力，常常会伴随着通货膨胀的发生，所以是一种虚假性财政收入。

（4）按照财政收入的产业构成可分为第一产业收入、第二产业收入、第三产业收入。第二产业对财政收入的状况具有决定性作用，而第三产业对财政收入的贡献比重会越来越大。

（5）按照财政收入的经济成分构成可分为各种经济成分的收入。目前，就现实情况来看，我国财政收入主要来自国有经济成分，国有经济上交的财政收入占整个财政收入的2/3左右。另外，财政收入还可以按照国民经济的部门分类、按照行政区域分类、按照复式预算编制要求分类等。

（二）财政收入的规模

（1）财政收入规模衡量指标。所谓财政收入规模，是指一国政府在一个财政年度内所具有的财政收入总水平。通常，财政收入规模用某一时期（一个财政年度）财政收入总额（绝对数额）或用财政收入占国内生产总值的比重（相对数额）来表现。财政收入规模是衡量一个国家财力和政府在社会经济生活中职能范围的重要指标。保持财政收入持续稳定增长，满足财政支出的需求是各国政府所追求的主要财政目标。不过，财政支出的需求往往是无限的，而财政收入的供给却总是有限的。

（2）影响财政收入规模的因素。国家在一定时期中财政收入规模有多大，财政收入增长有多快，不是或不仅仅是以政府的意志为转移的。财政收入的规模和速度受一国政治、经济等条件的影响和制约。所以，财政收入的规模分析必须从一国的综合国力出发，从以下方面来进行具体的分析。

第一，生产力发展水平的制衡。通常，生产力发展水平表现为经济发展水平、生产技术水平等。生产力发展水平会直接影响一个国家的国民收入总量。生产力发展水平高，则国民生产总值或国民收入总量就大，提供给政府财政收入的能力就强。若一个国家的国民收入总量较大，所能提供给政府财政收入的能力就大；即使该国财政收入占国民收入的比重不变或略有提高，该国财政收入的规模也必然增大。从世界各国政府财政收入规模的比较中可以看出，发达国家的财政收入规模大于中等收入的国家，中等收入国家的财政收入规模又总是大于发展中国家或低收入水平的国家。

第二，价格水平变动的制约。财政收入是一定量的货币收入，是在一定的价格水平下在一定时点按现值计算。凡是价格水平变动所引起的国民收入再分配，最终都将影响财政收入规模的大与小。对应于通货膨胀的情况，经济学家在分析财政收入规模变化时，所提及的财政收入的“虚增”或者说名义上增长而实际上的负增长，就是在讨论由于价格水平变动所导致的财政收入的“贬值问题”。

第三，财政分配政策的影响。财政收入主要来自国民收入中的M（剩余产品价值）部分，少部分来自国民收入中的V（补偿活劳动耗费的价值）部分。当一定时期的国民收入总量既定时，V的最低限度就是当期M的最高限度。因此，财政分配政策决定着M占国民收入的比重，而且M中的一部分，即必须留作企业扩大再生产必备资金的份额同样是由财政分配政策所决定的。所以，不同时期的财政分配政策都是制约财政收入规模的一个重要因素。

第四，财政收入规模确定。拉弗曲线是对税率与税收收入或经济增长之间关系的形象描述，因其提出者为美国经济学家阿瑟•拉弗而得名。该曲线的基本含义是：保持适度的宏观税负水平是促进经济增长的一个重要条件。拉弗曲线表明在较低的税率区间内，税收收入将随着税率的增加而增加，但是由于税率毕竟会对纳税人投资和工作的积极性产生影响，当边际税率超过一定的限度时，将对劳动供给与投资产生负激励，进而抑制经济增长，使税基减小，税收收入有所下降。

（三）财政收入的形式

财政收入的形式主要包括三类：税收收入、公债收入和其他收入。

（1）税收收入。税收收入是指政府通过征税方式获得的财政收入，是将纳税人的一部分收入无偿、强制地转移给政府使用。与其他两类财政收入形式相比较，税收是政府取得财政收入的最佳形式。征税是政府的纯收入，不必支付任何等价物，既不会凭空扩大社会购买力，又不会引发无度的通货膨胀。与此同时，由于它是政府强制行为，依据法律可以经常性地取得收入，故可以为财政支出提供较为充足的资金来源。因此，在各种可选择的财政收入形式中，各国学者们最为推崇税收这一形式。

（2）公债收入。公债收入是政府直接以债务人的身份筹集财政资金的一种形式。从某种意义上来说，公债和税收并无本质上的区别，因为公债还本付息的资金最终来源于税收，公债只不过是延期的税收。不过，不能将债务收入和支出视为政府经常性行为的结果，不能看作政府财政盈余或赤字的组成部分，只能作为弥补财政赤字的手段。政府通过举债取得的财政收入是要按期还本付息的，是以支付一定的代价来换取的临时性收入，虽然一般不会引发通货膨胀，但是要受到社会购买力和购买者意愿的限制。最关键的是，政府发债的规模如果不适度，就会引发政府的债务危机，严重时可能导致政府破产。

（3）其他收入。其他收入主要是指政府提供某种公共服务或为实现某一特定目的所获得的收入，包括规费收入、事业收入、国有资产收益、公产收入、罚没收入等。这些虽然也是政府经常性的收入，但是这类收入的规模非常有限，数额非常小，根本无法满足政府职能膨胀所带来的财政支出的不断增长。其中，有一些收入形式，如政府直接增发货币筹集的财政收入，经常会造成通货膨胀，给经济的稳定发展带来极其不利的影响。

二、财政支出

财政支出，也称公共支出或政府支出，是政府为履行职能、获得所需要的商品和劳务而进行的资金支付，是政府行为活动的成本。在此有必要区分“财政支出”与“财政开支”两个概念：财政支出是指政府可以支配的资源，而财政开支则是指政府在一定时期内实际消耗的资源。当财政支出大于财政开支时，政府预算表现为财政盈余；反之，则表现为财政赤字。

财政支出是政府分配活动的重要内容，财政对社会经济的影响主要是通过财政支出来实现的。因而，财政支出的规模和结构，往往可以反映一国政府为实现其职能所进行的活动范围和政策选择的倾向性。具体可以从以下两个方面来理解政府为市场提供公共产品，而安排财政支出的意义。

（1）财政支出有利于确保国家职能的履行。在市场经济下的资源和要素是属于资本和私人所有，作为政权组织和社会管理者的政府并不天生就拥有资源和要素，而为了履行职能政府就必须获得相应的资源和要素。财政就是政府为了获得其所需要的资源和要素而进行的分配活动，只有当政府将所获得的资源和要素安排出去，形成政府的货币支出，才完成了资源和要素的索取与使用。政府在有了税收等收入之后，虽然是掌握了相应份额的GDP中的分配权，拥有了一定量的货币，但是如果财政活动到此为止，则政府仍然没有真正行使好所拥有的资源配置权力，尚未真正提供公共产品。为此，政府必须将已经取得的货币收入安排使用出去，经由市场换取所需要的资源和要素，才能够完成其履行自身职能的一次循环过程。换言之，没有财政支出，就没有财政活动任务的相对完成，政府也就无法履行其职责和功能。由此可见，财政支出对于确保国家职能的履行是具有重大意义的。

（2）财政支出有利于支持市场经济的发展和壮大。随着改革的深入和市场经济体制的逐步建立健全，相对于市场经济，我国的财政支出具有了新意义：在市场化的过程中，我国财政正在向着公共财政模式转变，使得财政支出在制度、形式和运作机理等方面都逐步公共化，即正在成为“公共支出”。财政支出的公共化对我国市场经济体制的形成具有重大的意义。因为在计划经济时期，社会资源的配置任务几乎全部由政府承担。具体来看，政府是通过国民经济计划直接提供相应的财力来完成配置资源过程。当时的财政支出基本上就是由计划配置资源来体现的，政府通过财政支出直接安排和形成了国民经济结构，甚至国民经济结构的调整，政府也是通过调整财政支出结构来完成的。

目前，我国的财政支出发生了很大变化，尤其是预算内支出方面。这一变化具体表现为：首先，我国财政正在大幅度地退出“生产领域”，大大地减少了直接经济建设支出，从而相应地减少了政府直接干预经济活动的范围和程度，为市场因素的发展与壮大留下了一定的空间。其次，财政大量减少了营利性投资，其投资主要投向公共支出方面。

（一）财政支出的原则

尽管市场经济下大量经济活动的职责是由市场来承担的，但是现代财政仍然对社会经济生活发挥着巨大的作用。与之相适应，现代财政支出规模庞大，涉及的内容和项目纷繁复杂。于是，如何正确合理地安排财政支出、提高财政支出的效率就是我们必须面对的一个重要问题。为此，财政支出必须遵循一定的原则。所谓财政支出原则，是指政府在安排财政支出时应该遵循的基本准则。

众所周知，现代财政具有效率、公平和稳定三大职能，而财政支出就是政府履行这些职能所运用的最重要手段。因此，政府安排财政支出应该遵循效率、公平和稳定等原则，这是不言而喻的。不过，财政支出原则的具体体现是随着国家和社会经济的发展，以及国家职能的变化而发展的。在自由资本主义时期，财政支出被视为非生产性支出，学者们因而提出按照“节约”和“量入为出”的原则安排财政支出的“廉价政府”的口号。到了19世纪中叶，随着社会政治经济矛盾的激化，出现了“市场失灵”，需要政府干预经济、干预社会生活，以保证社会的稳定与经济的发展。由此，对财政支出原则的表述有了较大的变化。其中，日本学者井首文雄在其专著《日本现代财政学》一书中以“经费原则”为题，对财政支出应该遵循的一系列原则做了较为系统和全面的论述。他认为经费原则，即决定经费的质量范围与支出办法时应该遵循的原则。这些原则具体如下。

第一，政治性原则。政治性原则是指政府只将企业办不到的事项、企业不应该办的事项、企业不想办的事项列入财政支出范围。除此之外，政府不应该支出经费。

第二，财政性原则。财政性原则包括经济节约和收支均衡原则。经济节约要求政府财政支出应该以节约为宗旨，即以最小的财政支出来获得最大的社会效益；收支均衡原则要求财政支出仅限于财政收入范围内，即量入为出。

第三，经济性原则。经济性原则要求财政支出应该能够促进国民经济发展，即通过财政支出来实现充分就业、物价稳定和保持经济适当增长的目标。

第四，社会性原则。社会性原则要求财政支出实现平等、社会公平，即财政支出应成为给所有国民带来利益的支出，而不能只限于让国民中特定个人和特定阶层获得利益。

中国现阶段的财政支出原则，是在借鉴西方学说的基础上，根据自身的国情与特点而提出的，主要表现在以下两个方面。

1.“厉行节约、讲求效益”原则

所谓节约，是指在经济与其他活动过程中的人力、物力和财力的节省。所谓效益，是指在经济与其他活动过程中的耗费与成果之间的对比关系，在市场经济下，也就是以货币计量的投入与产出的对比关系。近年来，中国政府正在逐步从以往承担过多的职能中退出，这使得预算收入占国民收入的份额有了大幅度的下降。不过，如果考虑到预算外和制度外等因素，则财政支出的绝对规模仍然很大。由于财政支出对于体制改革、经济发展和社会稳定所具有的巨大作用，因而，财政支出的浪费就会对改革、发展和稳定产生干扰和破坏作用。

资本追求利润最大化的本性决定了现代财政应该具有“厉行节约、讲求效益”的本性。为此，市场和资本是通过财政的法治化来做到“厉行节约、讲求效益”的。在社会舆论监督和法律的约束下，用一种内在机制去约束和限制政府，使得政府不能不尽量节约、有效地安排和运用财政支出。为此，只有依靠深入改革去进一步健全完善市场经济体制，去加强民主与法制的建设，通过社会舆论和各级人民代表大会的约束与监督，才能根本改变和克服我国目前财政支出的低效浪费状态。

财政支出要做到节约有效，还必须依靠政府本身的积极性和主动性。财政预算是政府编制的，被通过的预算方案是由政府来执行的，所以政府对于财政支出能够发挥很大的作用。因而，“厉行节约、讲求效益”应该贯穿于财政支出的全过程中，即贯穿于财政预算的编制、审议、执行和监督的全过程中。

2.“统筹兼顾、全面安排”的原则

所谓“统筹兼顾、全面安排”，是指政府在安排财政支出时，必须对各方

面的支出需求和自身财力进行综合考虑和安排，既保证重点，又要照顾一般。

在计划经济时期，财政支出的“统筹兼顾、全面安排”主要解决如何兼顾好积累与消费、生产与生活的关系，如何安排好国民经济的各种比例关系，从而确保整个国民经济有计划、按比例协调发展的问题。

近年来，市场化改革使政府在社会资源配置中的地位发生了根本的变化，而政府财政支出的安排主要是要处理好以下层面的关系。

（1）处理好改革、发展与稳定的关系。由于我国改革的政府主导型性质，政府便承担着方方面面的职责，付出了巨额的成本，对财政产生了巨大的财力压力。再加上财政在一定时间内所能筹集的财力是有限的，相对于巨额需求是非常紧缺的，从而在财政支出安排上出现尖锐的需求与可能之间的矛盾。为此，政府就必须根据转轨时期经济和社会的特点来妥善处理体制改革、经济发展和社会稳定等方面的财力需求，以平衡好这些方面之间的关系。

（2）处理好财政与市场的关系。公共财政原则上不得直接插手市场活动，公共支出就不能包含有营利性投资和补贴企业的内容，但是作为公有制资本所有者的代表，我国政府又必须对此承担责任。不过，这部分财政支出不是公共支出，而是国有资本财政支出。为此，政府在安排支出时应该配合国有资本从一般竞争性和经营性领域退出，逐步减少资本性质的支出，尽可能多地将有限的财力用于公共性质的支出，为最终建成公共财政体制做好准备工作。

（3）处理好财政投资性支出和经常性支出的比例关系。财政的投资性支出对基础设施、基础产业和新兴产业的建设与发展，甚至对整个市场经济的发展有着必不可少的作用，而财政所安排的经常性支出则对政府机构和事业单位的正常运转、对各项事业活动的开展等，都直接发挥着决定性作用。最为典型的是，科学技术和文化教育等的支出，对于我国的科技水平和整个民族的教育水平的提高，都具有至关重要的作用。因此，财政对于投资性支出和经常性支出是不能忽视或偏重任何一方的，否则，都将不利于我国现代化建设和市场经济发展的进程。

（二）财政支出的分类

在财政实践中，财政支出总是由许多不同的、具体的支出项目构成的。对财政支出进行分类，就是以怎样的形式向社会提供公共产品（或劳务）进行考察，以便政府对财政支出的性质和费用大小作出评价，进而提高政府财政支出的效益。然而，在国际上，财政支出的分类并没有统一的标准。由于对财政支出进行分析研究与管理有不同的需求，人们常常采用不同的方法或从不同的角度进行分类。总体来说，财政支出的基本分类方法有两种，即理论分类法和预算分类法。

1.财政支出的理论分类法

从理论方法上来说，财政支出可以根据所分析问题的不同需求，按照不同的标准进行分类，具体如下。

（1）按照财政支出与市场的关系，财政支出可分为购买性支出和转移性支出。

第一，购买性支出，也称消耗性支出，是指政府在市场上购买履行职能所需要的商品和劳务的支出，包括购买政府进行日常政务活动所需要的商品与劳务的支出，以及购买政府进行投资所需要的商品与劳务的支出，这类支出必须遵循等价交换原则。前者如政府将其用于国防、外交、行政、司法等方面的支出，后者如政府可将其用于道路、桥梁、港口、码头等方面的支出。通常，购买性支出的数额可以由政府购买的商品和劳务的数量乘以其单位价格来计算。虽然各个项目购买性支出的具体用途不同，但是它们都具有两个明显的共同点：一是政府与其他经济主体一样，在安排此类支出时，是在市场上从事等价交换的经济活动，即政府所支付的财政资金都获得了价值相等的商品和劳务；二是政府通过消耗其购买的商品和劳务向社会提供各种各样的公共产品，来履行其各项职能，这样政府就直接消耗了一部分社会资源。综上所述，正是此类财政支出具有以上的这些共同点，才因此将它称为消耗性支出或购买性支出。在这里需要说明的是，政府所消耗的这部分资源是整个社会资源的有机组成部分，政府对这部分资源的消耗就排除了市场经济中其他经济主体来消耗此部分资源的可能性，这意味着政府对资源的消耗是有机会成本的。因此，在国民经济核算中，西方国家总是将此类支出计入国民生产总值或国民收入之中。正是由于这种机会成本的存在，如何确定适度的政府支出规模就成为市场经济中一个十分重要的理论和实践问题。这一问题的具体表现就是所谓的“挤出效应”。

第二，转移性支出，是指政府按照一定形式，将一部分财政资金无偿转移给居民、企业和其他受益人所形成的财政支出，包括政府用于补贴、债务利息、失业救济金、养老保险等方面的支出。政府在安排此类支出时，既不存在经济交换，即政府获得等价物的问题，也不存在政府占有并消耗经济资源的活动。尽管此类支出也履行了财政的某些职能，但是转移性支出所体现的是一种以政府和政府财政为主体，并以它们为中介，在不同社会成员之间进行资源再分配的活动。因此，在国民经济核算中，西方国家将此类支出排除在国民生产总值或国民收入之外。

按照这种标准对财政支出进行分类，对分析财政支出对国民经济运行所发挥的作用具有重要的意义。为此，这种分类也被称为按照财政支出的性质分类。就购买性支出来说，在市场上，政府以商品或劳务需求者的身份出现，运用其所掌握的财政资金与其他经济主体所提供的商品和劳务相交换，直接占有并消耗一部分资源，它本身就可以说是社会总需求的一个有机组成部分。因此，对于整个社会的生产和就业来说，这类支出会产生直接的影响。虽然它对于国民收入的分配也有影响，但是这种影响是间接的。就转移性支出来说，政府将其所掌握的一部分财政资金无偿地转移给居民、企业和其他受益者，政府既不直接购买商品和劳务，更不直接占有和消耗与该支出等价的经济资源。直接购买商品和劳务，直接占有并消耗与该支出所对应的经济资源的是该支出的直接受益者，他们消耗经济资源的量将受其边际消费倾向大小的影响，这样转移性支出只能是间接地、部分地列入当期的社会总需求中。因此，这类支出会对国民收入分配直接产生影响，而对生产和就业所产生的影响却是间接的。从总体上来看，在财政支出总额中，如果购买性支出所占的比重较大，就说明财政活动对生产和就业所产生的直接影响较大，政府财政所直接配置的经济资源的规模也较大，此时的财政较多地在履行资源配置职能和经济稳定职能；如果转移性支出所占的比重较大，就说明财政活动对国民收入分配产生的直接影响较大，此时的财政较多地在履行着公平收入分配的职能。

（2）按照政府职能，财政支出可分为投资性支出、文教科卫支出、国家行政管理支出、各项补贴支出和其他支出等。不过，对于这一分类，各国并没有一个统一的结论，而是各执己见。从西方学者的一些论著来看，有的学者将财政支出分为国防支出、管理支出、经济支出和社会支出四类；有的学者将财政支出分为国防支出、外交支出、司法支出、教育支出、经济建设支出、医疗保健支出等；有的学者将财政支出分为国防支出、国际事务支出、一般科学与技术支出、能源支出、自然资源与环境支出、农业支出、商业与住房信贷支出、社会保障支出、司法支出、一般政府支出、运输支出、社区与区域发展支出、教育培训就业与社会服务支出、保健支出、收入保障支出、退伍军人补助支出、利息支出等。经过几十年的理论研究，我国学者对财政支出也有不同的表述。按照政府职能的分类，有的学者将财政支出分为国防支出、行政管理支出、科教文卫等事业支出、公共工程支出、社会保障支出、财政补贴支出、财政投资支出等；有的学者将财政支出分为经济建设支出、社会文教支出、国防支出、行政管理支出、债务支出、其他支出等。

按照政府职能对财政支出的分类，可以将财政支出与政府职能相联系，这便于从财政角度了解、分析在整个社会经济生活中政府活动的范围、方向、目的及其深度。从纵向来考察，可以揭示一国政府职能的发展变化；从横向考察，可以反映不同国家政府职能所存在的差异。

（3）按照财政支出的受益范围，财政支出可分为一般受益支出和特殊受益支出。一般受益支出是指全体社会成员均能享受政府所提供的利益支出。这类支出主要包括政府用于国防、外交、司法、公安、环境保护、行政管理等方面的支出。由于此类支出具有共同消费或联合受益的特点，所以对每个社会成员的受益量不能分别进行估计，受益的成本不能分别进行核算。特殊受益支出是指仅有社会中某些特定居民或企业能享受政府所提供的利益支出。这类支出主要包括政府用于教育、医疗卫生、居民补助、企业补助、公债利息等方面的支出。由于此类支出所提供的利益仅仅是由一部分社会成员享受，每个社会成员受益的量因而可以分别进行估计，受益的成本则可以分别进行核算。

按照受益范围对财政支出的分类，便于分析不同社会成员对不同财政支出项目或同一财政支出项目的不同支出金额的偏好，从而有利于政府比较准确地把握公共支出决策过程中，不同社会阶层或不同利益集团所可能采取的态度，以保证在充分展示社会成员个人偏好的前提下，公共选择过程能够向着看出社会集体偏好的方向迈进。

2.财政支出的预算分类法

一般来说，政府预算中支出项目的编列与政府的具体职能和政府机构的设置密切相关。由于各国在社会制度、政治体制、文化传统、经济运行模式和经济发展水平等方面存在差异，各国政府的具体职能和机构设置就不可能完全一致，由此导致了各国政府预算中所编列的财政支出项目也不会完全相同。

从财政实践上看，财政支出是一种业务性活动，是政府财政部门日常工作的一个很重要的方面。这种业务活动的具体表现就是政府预算中支出预算的编制与执行。所以，对财政支出可以依据政府预算所编列的支出项目来进行分类，这就是财政支出的预算分类法。根据财政支出的预算分类法可以将预算支出科目分为政府公共支出和国有资产经营支出两大部分。

政府公共支出，通常包括教育、科学、文化、卫生、农业等事业费支出，国家行政、国防、外交、公安、司法等项支出，价格补贴支出、抚恤和社会救济支出，其他社会公共支出，预备费列支，以及本级预算转移支付给下级的支出和上解上级支出。国有资产经营支出，通常包括基本建设国家资本金支出、企业挖潜改造国家资本金支出、科技三项费用、增拨企业流动资金、地质勘探费、支援农业生产支出、城乡维护建设支出、支援不发达地区发展资金、商业部门简易建筑支出和国内外债务还本付息支出等。

按照财政预算支出项目的用途所做的分类，是一种非常具体、实际和可操作的分类方法，它便于职能部门对于各项具体支出进行安排、管理和监督。

（三）财政支出的规模

从客观上来看，当经济发展到一定水平，就要求社会提供与之适应的资源来用于社会公共事务，以满足社会的共同需求。虽然国民经济发展与社会公共事务需求之间并不存在固定模式，但总的趋势是，国民经济发展水平越高，社会公共事务的需求量就越大，财政支出规模也会逐步提高。财政支出的规模及其变化，直接关系到对政府及其财政与市场关系的认识和分析，因而，是必须关注的重要问题之一。而最需要关注的是财政支出规模衡量指标与财政支出规模增长的原因等。

1.财政支出规模的衡量指标

财政支出规模是一个财政年度内政府通过预算安排的财政支出总额，它反映了政府在一定时期内集中、占有和使用的经济资源数量，以及由此而形成的财政与其他经济主体之间的各种经济关系，体现了财政职能发挥作用的广度和深度。对财政支出规模的衡量通常可以使用两个指标：绝对指标和相对指标。

所谓财政支出规模绝对指标，是指财政支出预算中的绝对金额，即财政支出总额，通常是由按当年价格计算的财政支出总量来反映，它能够比较直观地反映出财政支出的现状和变化情况。因此，人们在提及财政支出规模及其变动时，一般都是指财政支出的绝对额。

所谓财政支出规模相对指标，是指财政支出金额与其他相关经济指标的比值。因为财政支出金额与其他经济指标之间存在着密切的内在联系，分析、比较这些比值及其变化，更有助于对财政支出规模进行了解和掌握。财政支出规模的相对指标一般有两个：一是财政支出总额与GDP的比值，这一指标反映了国内生产总值中政府集中和支配的数额，表明了社会经济资源在公、私部门之间配置的基本比例；二是主要财政支出项目金额与国内生产总值的比值，其中，主要是购买性支出与国内生产总值的比值。购买性支出与国内生产总值的比值可以用来反映：政府实际消耗的经济资源量；政府购买的商品和劳务量；政府提供的公共产品的数量。其中，第一个相对指标是衡量财政支出规模的最基本的相对指标，可以反映出政府支配的财力对整个经济运行状态和效率的影响。

不过，在具体工作中，财政支出规模的衡量都会遇到一定的困难。从财政支出的绝对指标来看，由于西方国家绝大部分的财政收支都必须要纳入政府预算，其支出数目大体就是财政支出的规模，对其衡量就相对容易。目前，我国对财政支出的衡量却相对困难。因为我国政府预算支出大体只相当于政府支出的三分之一，预算外和制度外的政府支出却大约占了三分之二，而且没有正式公布预算外支出的数据，制度外的数据更是难以获取。与此同时，我国政府还有一定数额的营利性支出，并且是与公共财政支出交织在一起的，那么要想衡量公共财政支出的规模，就很难剔除其中营利性支出的部分。除此之外，更加难以衡量的是财政支出的相对规模，因为它不仅涉及财政支出的绝对规模，而且还涉及其他相关联的经济指标。通常，它是以当年财政支出的绝对额与GDP相对比，因此它除了要受到财政支出总额统计口径的影响外，还要受到GDP的定义和统计口径的影响。由于各国的统计口径不同，各国给出的财政支出数值、GDP的数值总是或多或少地存在着差异。为此，进行财政支出规模的国际比较时，应该注意国别的不同，并且在相应的调整基础上加以分析。

2.财政支出规模的增长原因

关于财政支出规模增长的理论解释是不同学者从不同的角度，对财政支出规模总是呈上升趋势的现实性问题而进行的理论分析。不过，财政支出增长的现实性是财政支出增长的必要性和可能性相结合的必然结果。换言之，政府财政支出规模的不断扩大，一方面是受新经济理论的影响，另一方面更是由于市场经济的发展、社会的进步等原因造成的。为此，应该在综合各种理论解释的基础上，来分析财政支出规模增长的实际原因，主要从必要性与可能性两个方面来进行分析。

（1）财政支出规模增长的必要性。由于政府职能的扩张以及与实现政府职能有关的一系列因素的变化引发了政府财政支出规模增长的必要性。

1）政府职能扩张。随着社会经济的发展，政府职能不论是在内涵上还是在外延上都呈扩张之势，具体主要表现在以下五方面。

第一，经济干预加强。在自由竞争资本主义时期，经济运行是依靠“看不见的手”自行调节的，政府仅仅是为社会经济的正常发展提供必不可少的外部条件，在财政支出中因而很少有经济方面的项目。不过，20世纪30年代的世界性经济危机表明，为了保证经济的稳定增长和社会的稳定发展，只是依靠市场的自发调节是不够的。而凯恩斯反危机经济理论的出现，为政府对经济运行进行调节和干预提供了理论依据。通常，政府干预经济的手段和方式多种多样，其中，财政手段是最主要的手段之一。政府根据经济运行情况，灵活调整财政支出的范围、方向、结构和数量，以此来实现保持经济和社会稳定发展的目标。一般来说，在市场经济条件下，虽然私人部门生产了大部分消费品和资本品，但是这种私人产品的生产却是政府提供公共基础设施的重要条件。基础设施对于私人产品生产的推动作用则决定了政府财政中这部分开支的不断提高，反映在政府预算上就是涉及公共投资项目支出的绝对数额和相对数额的同期上升。为此，可以毫不夸张地断定：政府提供的基础设施完备与否决定了一个国家经济的成败。因为良好的基础设施能提高劳动生产率并降低生产成本。由此可见，基础设施能力与经济产出量是同步增长的关系。由于各国政府对经济干预的不断加强，财政支出中用于经济方面的支出在不断增加。

第二，社会福利事业扩大。在市场经济体制下，随着经济的发展，社会财富日趋集中，贫富差距不断加大。当收入和财产在不同阶层之间的差距扩大到一定程度时，财富分配不公的矛盾就会成为引发社会不稳定的重要因素。为此，各国政府纷纷举办社会保险、社会救济等社会福利事业。与此同时，社会进步对提高公共福利与改善收入分配状况的内在要求，也让政府越来越关心其民众的福利水平。政府通过举办社会福利事业，一方面可以调节社会成员的收入差距，保证人们能够维持最起码的生活水平；另一方面可以提高社会成员的文化和健康水平，保证社会劳动生产率的不断提高。在不少国家，尤其是发达国家，政府主导的社会福利保障性支出的增长速度往往超过同期国民经济的增长速度，这自然导致政府财政支出总额的迅速增加，甚至在某些国家，社会福利支出已经成为最大的财政支出项目。

第三，工业化和都市化影响。与社会现代化相伴随的，是工业化和都市化进程的不断发展。在工业化过程中所形成的环境污染和对自然资源的破坏，增加了政府用于环境保护、自然资源保护和卫生防疫等方面的财政开支；而都市化过程则增加了政府用于城市基础设施、劳动力生存和就业等方面的财政支出。

第四，政府机构扩增。政府机构扩增是政府职能扩张的直接结果。随着政府职能的不断扩张，国家需要设置相应的机构来履行各项增加了的职能。而机构的增加，带来的是各种办公设备与公职人员数量随之增加的现状，这样财政支出中的行政费用必然会相应地增加。当然，这里还包括由于行政机构人浮于事、行政效率较低所造成的行政费用开支部分的增加。

第五，人口增长压力。人口的增长是导致财政支出增加的又一重要原因。随着人口的增长，社会成员对于文化、教育、医疗、卫生、交通、住房、司法、公安、行政管理等事务的需求量就必然增加，政府用于行政管理和社会管理的费用也会相应地增加。与此同时，随着社会经济水平的提高，人们的物质文化生活水平又相应提高，这些都会加大用于满足此方面需求的财政支出数量。

2）科学技术进步。科学技术的进步对财政支出规模增长具有促进作用，这种促进作用主要是从以下两个方面来体现。

第一，科技进步能够产生一些前所未有的新需求。这一新需求在军事与民用技术上都有所体现。近年来，军事技术的变革，导致国防费用迅速增加。而民用技术的变革，带来了与公共支出相关类型的增长。最为典型的是，汽车的普及增加了人们对高速公路的需求，火车的不断提速增加了人们对铁路数量和质量的更高要求，地铁的修建也是如此。与此同时，数字电视的出现要求电视台、电视转播设备与之相配套。此外，计算机与网络的广泛应用，让许多国家经济安全产生了新问题，如知识产权的保护、克隆技术的发展等，这些都需要有与之相适应的管理手段、技术设施、法律制度等紧随其后。在这些新需求中，有些新需求可以通过市场来满足，有些新需求则只能或最好是由政府来满足。政府为满足这些新需求而提供的产品和服务，必然会加大财政支出的数额。

第二，科技进步会增加政府提供公共产品和服务的成本。在过去，政府机关里的办公用品主要有笔、墨、纸、砚、桌、椅等。而在科技高度发达的今天，政府办公用的是电话、计算机、传真机、打印机、复印机等，即使也还有用笔、墨、纸张，但已非彼时的笔、墨、纸张了。在冷兵器时代，军队的武器装备主要有战车、马匹等运载工具和刀、枪、棍、棒等兵器。而现代军队的武器装备动辄飞机、战舰、汽车、坦克等攻击和运输装备，官兵手中的兵器更是今非昔比。而当人类遭遇天灾人祸时，政府动用的救生救援设施装备也是随着科技的进步，发生了日新月异的变化。上述这些无不表明，科技进步让政府在履行相同职能时所提供的公共产品的成本和数量增加，相应地让财政支出的规模也迅速增长。

3）通货膨胀拉动。通货膨胀是世界性的普遍现象，如果把工资视为劳动力的价格，那么劳动力的价格也是在不断上升的。政府履行其职能，即在不断向社会提供公共产品的同时，也在不断消耗或使用各种物资和劳动。由于财政支出具有“刚性”特点，物价上涨必然导致政府购买商品和劳务的价格总体上升、政府债务成本和管理费用等增加，进而导致政府财政支出规模名义上的增大。事实上，如果扣除通货膨胀因素，财政支出规模实际上并没有增长得那么快。

（2）财政支出规模增长的可能性。财政活动是由收入和支出两个部分组成的，收入是支出的前提，没有收入就不可能有支出。显然，如果没有收入的增加就不可能有支出的增长。所以，那些能够影响财政收入增加的因素就是能够影响财政支出规模增长的可能性因素。这些因素具体如下。

第一，经济不断增长。政府的财政收入归根到底是来自国民收入，而随着社会经济的不断发展，国民收入总量的不断扩大，即使财政收入的形式和比例不变，财政收入的绝对量和相对量也会相应增加。只要财政收入增加了，财政支出规模就有了增长的可能性。

第二，税收制度完善。税收是政府获得财政收入的最主要形式。税收制度的不断完善让政府有可能以税收这种规范的收入形式，于经济运行的每一个环节中获得财政收入。而随着税收征管工作的不断加强，政府以各种税、多种税率从国民收入流量和存量中，获得应该获得的各项收入，尽可能多地形成现实的财政收入。这些财政收入既为财政支出规模的增长提供了客观可能，也是刺激财政支出规模膨胀的一个重要原因。

第三，公债规模扩大。在凯恩斯经济学说出现之前，政府发行公债是要受到严格限制的。当时的学者们认为，政府的活动是非生产性的，政府活动的范围和财政支出规模应该越小越好。如果政府举债来弥补财政赤字，就意味着政府非生产活动过多地消耗了国家用于生产的资源。不过，凯恩斯学说不仅认为政府活动是生产性的，而且还认为政府运用财政调节经济是保证经济稳定发展的重要手段。为了解决社会总供给大于总需求的矛盾，凯恩斯主张实行扩张性财政政策，即赤字财政政策，财政赤字用发行公债来弥补。至此，公债的发行变得越来越便利，规模也越来越大。公债因而成为政府筹资的一种经常性手段，这也就助长了财政支出规模不断膨胀。

第四，财政性货币增发。当政府遇到财政亏空严重的情形时，经常把增发货币作为一种弥补财政赤字的方式。由于增发货币不会有还本付息的压力和负担，其发行成本甚至可以忽略不计，因而就必然比发行公债更加容易。显然，增发货币是现代政府筹资最方便的手段之一，这一手段对财政支出规模的膨胀具有一定的刺激作用。

综上所述可见，财政支出规模不断增长的客观现实，是政府财政支出增长的必要性与可能性共同作用的结果。

第三节　财政管理与财政管理体制

一、财政管理概述

所谓财政管理，就是在研究和认识财政分配规律基础上，按照客观规律的要求，把财政政策、法令、制度和财政计划付诸实践的组织活动。财政管理的具体含义可以从四个方面来理解。

第一，财政管理的主体是国家，具体承担财政管理工作的是各级政府的财政部门，因而属于国家管理的范畴。

第二，财政管理的客体是财政分配活动，包括财政收支活动及与此相关的经济活动，所以说财政管理属于经济管理的范畴。

第三，财政管理手段是国家所能采取的一切手段，包括行政、经济和法律手段。

第四，财政管理的目的是通过财政分配活动的组织、指挥、协调和控制，实现优化财政分配过程，促进国家经济协调有序发展。

（一）财政管理的目标

财政管理的目标是财政管理活动的基本依据，也是检验与考核财政管理成效的标准。财政管理的目标包括以下六方面。[①]

（1）构建良性循环的财政运行机制。财政运行机制是财政收支运行行为和方式的总称。财政收支的具体形式有很多，如各项税收、非税收入、国债、公共支出、财政投资、财政补贴等，而且它们相互影响、相互作用，从而形成了财政运行机制。财政运行机制的良性循环主要包括：规范的分税制财政体制——完善的中央税和地方税体系、规范的转移支付制度，规范化、法制化的财政管理，多元化、多层次的财源结构，多层次的财政预算管理模式。

（2）建立有效保障财政收入合理增长机制。财政管理水平的高低，直接影响到财政收入的多少。财政收入是否能得到有效保障是检验财政管理的质量和成果的标准。现阶段财政管理主要应做到：强化税收征管；统筹安排财政预算外资金，增加政府的可用财力；加强预算收入征管质量的监督。

（3）构造财政支出的有效监控机制。当前，要想建立平衡、稳固的财政，突出财政管理的特色，必须把加强财政支出的管理作为重要任务和今后财政管理的一项基本工作。

（4）确保财政收支平衡。确保预算收支平衡，是克服财政收支矛盾的必要手段。所以，通过加强预算管理，来保持财政收支平衡，实现财政管理的重要目标。在现阶段，应该做到：在编制预算时，要坚持“收支平衡，略有结余”的方针；增收节支，保证预算收支平衡的实现；加强和健全财政立法，实行政府预算硬约束。

（5）提高财政效率。财政效率要求公共部门利用资源的社会效益，要大于

---

① 张云莺，赵璇.财政与税收[M].北京：中国金融出版社，2013.

私人部门因放弃使用这些资源而造成的机会成本。与此同时，也要求公共项目利用资源所产生的社会效益，要大于因放弃其他公共项目对这些资源的利用，而产生的机会成本。

（6）管理财政风险。事实上，所有的公共组织都在不同程度上和范围内参与与风险相关的财政交易。而政府提供贷款担保，就或多或少地存在着财政风险。在许多经济转轨国家和发展中国家，经济、金融和社会政治领域重大风险都有集中到政府的趋势，由此削弱了财政的可持续性、政府的施政能力和可信度。通常，当政府面临严重的财政风险时，唯一有效的办法就是对财政风险进行及时全面的管理。

（二）财政管理的原则

财政管理作为制定和执行财政政策及法规、法令，规范财政关系与运行的行为，既要与国家的经济体制相配套，还要与国家的其他经济政策相协调，这是一种难度很大的经济管理活动，必须因此予以高度重视。

一般来说，财政管理必须遵循以下原则。

（1）依据和运用市场规律的原则。财政管理必须自觉依据和运用市场经济规律，这是社会主义市场经济体制下财政管理的基础之一。在市场经济条件下，整个社会的经济利益结构是以局部利益和个别利益为基点，并且在其互相制约和协调中构筑而成。因此，财政管理必须承认各个基层经济单位和各级地方政府追求个别经济利益和局部利益的要求和行为，以及基层经济单位各自独立的经济利益。与此同时，还必须承认各地方政府独立于中央政府的经济利益。由此可见，财政管理就是要承认多元化经济利益，通过制度规范来协调各方面的利益，以防止其与全局利益发生抵触和冲突。

（2）经济管理、法律管理和行政管理相结合的原则。财政的经济管理是指国家利用税收、收费、利润、成本、投资、支出、补贴等经济杠杆，以及不同形式的经济责任制，通过调整经济利益来对财政分配活动与相关经济活动进行管理。经济管理是在中央政府与地方政府、政府与企业实行分权决策的情况下，促使地方和企业的经济决策和行为的内容、方式与管理目标自动地吻合。

财政的行政管理是指财政机关运用命令指示、规定、指令性计划、规章制度等行政手段，对财政收支活动与相关机构及活动进行组织、指挥和控制。运用财政的行政管理可以直接体现国家级上级机关的意志，保证国家统一的方针政策、规章制度、财政计划得以贯彻与实施。

财政的法制管理是指在财政活动中加强法制建设，强化法律手段。国家的立法机关要加快财政管理立法，逐步用法律的形式规范财政活动，以便在财政工作中做到有法可依，有法必依，执法必严。

（三）财政管理的内容

财政管理包括直接财政管理和间接财政管理。直接财政管理是指财政部门职责范围内的财政管理。间接财政管理是指财政与其他部门职责范围内的业务有密切关系，财政部门参与管理和财政通过一系列政策工具对国民经济进行调节和控制。在此，我们只着重研究财政的直接管理。

财政的直接管理包括政府预算管理、预算外资金管理、税收管理、国有资产管理、财政投资管理和行政事业单位财务管理等内容。财政的直接管理内容具体如下。

（1）政府预算管理。预算管理是各级政府的财政部门的一个重要的日常性工作，是财政管理的核心内容。根据《中华人民共和国预算法》的规定，各级政府的财政部门要认真做好预算的编制工作和组织预算的执行工作。除此之外，各级财政机关还要根据《中华人民共和国预算法》和预算管理体制所确定的权限来进行预算管理。

（2）预算外资金管理。财政资金包括预算资金和预算外资金，自然财政管理也就包括对预算资金和预算外资金的管理。改革开放以来，我国的预算外资金增长较快，对经济建设和社会事业的发展发挥着积极作用。预算外资金由于其分散性和专用性特点，容易造成财政资金分散和政府公共分配秩序混乱，加剧固定资产投资和消费基金膨胀。所以，也必须加强这部分资金的管理。

（3）税收管理。税收是财政收入的主要来源，也是调节宏观经济的重要杠杆。税收管理是指税务机关依照税法规定，进行税收政策的宣传、贯彻，依率征税、依法减免、积极组织税收收入的一系列活动。

（4）国有资产管理。目前，我国的国有资产分为三大类：经营性国有资产、行政事业单位国有资产和资源性国有资产。而国有资产的保值增值，是财政管理的一项重要内容。

（5）财政投资管理。财政投资管理的内容包括：财政投资规模要与国家财力和国家经济政策相适应；保证战略重点的投资；加强可行性研究；进行财政投资管理体制改革。

（6）行政事业单位财务管理。行政、国防、科教文卫事业经费，属于公共需求的支出。随着与社会主义市场经济相适应的，可以满足公共需求的公共财政模式的建立，公共需求支出占财政支出的比重将会越来越大，有必要加强对这部分支出的财务管理，以提高经费的使用效益。

二、财政管理体制

通常所说的财政管理体制是指规定中央与地方，以及地方各级政府之间在财政收支划分和财政管理权限划分上的一项根本制度。财政管理体制的概念具有以下方面的含义。

第一，财政管理体制所管理和规范的是中央与地方政府以及地方各级政府之间的财政分配关系。按照一级政府就有一级财政的管理办法，各级政府和各级财政在法律上都拥有一定的税费征管权和财政支出安排权。在这些财政活动中，各级政府之间都不可避免地发生纵向和横向的财政关系，这些财政关系的规范和管理，则由财政管理体制这一根本制度做出规定，各级政府必须遵照执行。

第二，财政管理体制的核心内容是划分财政收支范围和财政管理职权，其实质是关于财权财力的集中与分散的一项基本制度。财政管理体制就是以不同财政行为主体的职能界定和事权划分为根据，对各自的财政收支范围和管理职责加以区分，并以制度形式将其确定下来。

第三，财政管理体制是国家经济管理体制的重要组成部分。

（一）财政管理体制的分类与内容

1.财政管理体制的分类

根据财力的集中与分散、管理权限的集权与分权的程度不同，财政管理体制大体上可以划分为以下三种类型。

第一，高度集权型。高度集权型的财政管理体制是指财力与管理权限高度集中于中央，地方的财力因而很小，企事业单位的自主权则非常有限。只能在高度集中的计划经济体制下才能实行这种财政管理体制，其最大的不足是不利于发挥地方和企事业单位的理财积极性。

第二，集权与分权结合型。集权与分权结合型财政管理体制是指财权与财力相当大的部分集中在中央，地方和企事业单位只有一定的财权和自主权。这种财政管理体制是建立在计划商品经济体制上的，其缺点是不利于地方和企事业单位积极性的发挥。

第三，分权型。分权型的财政管理体制是指在中央统一领导和统一计划下，地方有较大的财权，地方财力大大增加，企事业单位的自主权大大增强的财政管理体制。这种财政管理体制是建立在市场经济基础上的，是一种能够充分调动中央和地方积极性的财政模式。

2.财政管理体制的内容

财政管理体制的内容主要包括以下四个方面。

（1）确立财政管理机构体系。确立财政管理机构体系，就是在财政管理体制中把财政管理的组织机构确定下来，并明确系统内部各机构的管理职权。这是财政管理体制的基本内容。现在，我国组建的财政管理体系是与国家政权的分级管理相适应的分级管理体系，实行一级政府一级财政。目前的财政管理机构分为五级：中央、省、市、县、乡。各级财政部门内部设置不同的业务机构，分别负责各级财政业务的管理。

（2）划分财政管理权责。财政管理权责的划分，就是在财政管理体制中，把各级财政与同级财政各管理部门之间，在财政分配和管理上具体的权力、责任确认清楚，以确保责权利的明确到位，力求既要各司其职，又能强化管理、配合与协调。

（3）划分财政收支范围。划分财政收支范围就是明确各级政府财政收入的范围和应该保证的财政支出项目。财政收支范围的确定，是体现国家管理体制于集权或分权的财政方面倾向的表现。

（4）建立规范的政府间转移支付制度。政府间转移支付制度是中央政府为均衡各地方政府的财力状况，协调地区间的经济发展，将中央政府掌握的部分财力转移给地方政府使用的一种调节制度。在现代社会，以分税制为主要特征的分级财政管理体制下，政府间转移支付制度是协调中央政府与地方政府财政关系的重要分配制度。

（二）分税制财政管理体制

所谓分税制财政管理体制，是在划分中央和地方政府事权的基础上，按税种或税源划分各级政府财政收入的一种财政管理体制。分税制根据划分依据的不同，可以划分为分享税种式分税制和分享税源式分税制。分享税种式的分税制是通过不同税种的分割，来确定中央财政和地方财政的财政收入范围。分享税源式的分税制则是根据税源的分布情况，由中央政府和地方政府分别有所侧重地征收属于自己的税收收入。目前，我国采用的是共享税的分享税种式分税制，这与我国经济发展的状况是密切联系的。

我国的分税制管理体制主要涉及以下方面的内容。

（1）中央与地方事权及支出的划分。按照事权划分，中央财政主要负责国家安全、外交、中央国家机关的运转、调整国民经济结构、协调地区发展、实施宏观调控与由中央直接管理的事业发展等事务所需支出；地方政府负责本地区政权机关运转与本地区经济及事业发展所需支出。与此相适应，中央财政的支出项目包括国防费、武警经费、外交和援外支出，中央级的行政管理经费、科教文卫等各项事业经费，由中央负担的债务利息等；地方政府的支出为地方行政管理经费、公检法支出、部分武警经费、民兵事业费等经费，以及在地方政府管辖范围与地方经济发展密切相关的一些地方性费用。

（2）中央与地方财政收入的划分。根据事权与财权相结合的原则，中央与地方的收入划分实行按税种划分的办法，据此可以把现行的税种划分为中央税、地方税、中央地方共享税三个部分。这其中，中央税属于中央政府的财政收入，地方税属于地方政府的财政收入，中央地方共享税则是按照不同的分配比例进行分割。

（3）转移支付制度。通常，政府间的转移支付制度由两个部分组成：中央财政对地方税收的返还，还有原体制中央补助、地方上缴以及有关结算事项的处理。

第四节　现代事业单位预算管理的重要性

近年来，我国预算管理经历了多次改革，无论是部门预算、国库集中支付的推行，还是政府收支分类改革与政府采购制度的全面推行，都影响了预算管理的要求。通过改革建立健全了预算管理新机制，在廉政建设、规范事业单位支出，维护预算执行等方面都取得了明显的成效。

不过，由于各项改革还处于起步阶段，所以在预算执行的过程中还存在不少的问题。

第一，思想认识不足，重视程度不够。一些事业单位未将预算纳入单位管理决策范畴，把预算编制只当作财务部门的日常事务性工作，单位领导不组织单位重要部门参与编制预算。由于财务人员较少参与单位项目的讨论、规划和决策，因此只能依据上年数据编制预算，这样预算不能与单位实际业务紧密结合，不能适应部门的发展需求，从而严重影响了单位预算工作的质量。

第二，预算编制过于僵化。预算编制不灵活是最大的危险倾向，因为预算内容是一种对未来的预测，而未来却是不确定的，事情的发展可能超乎预算。除此之外，再加上年度中间开展计划外的工作或项目时，不考虑年初经费的预算，从而导致年度中间预算追加频繁，使单位时常面临较大的资金压力。

第三，预算实施缺少必要的控制手段与有效的监督机制。对事业单位的经费使用与社会效益如何，缺乏系统的考核机制，从而增加了经费使用的随意性。由于缺少必要的过程控制手段，难以有效地对预算进行必要的约束、监督和控制，造成预算在执行过程中普遍存在超预算范围支出的现象，从而导致预算管理失控。

通常，改进事业单位预算管理的策略主要有以下五方面。①

（1）建立有效的预算管理机构，保证预算工作顺利进行。成立单位预算管理领导小组，其主要成员由单位负责人、财务负责人、各科室负责人组成，并且建立完善的年度预算草案、预算方案，以保证预算管理工作及时、准确、顺利地进行。单位与主管领导要树立预算管理的意识，端正预算编制的思想，使预算充分发挥其在财务预测、决策和控制等环节的积极作用。

（2）加强预算编制的科学化、规范化。在预算的编制过程中要按照“自下而上，上下结合，分级编制，逐级汇总”的程序进行，确保本单位部门预算编制的真实、及时、准确、完整。部门预算的编制质量直接影响到预算的执行和国家财政资金的申请等各项工作。只有科学编制年度预算，切实提高预算编制的质量，才能使其能够有效指导和约束各项收支。

（3）严格执行预算，维护预算管理的严肃性。事业单位要实施财务预算，落实财务决策，严格财务制度，建立有效支出约束机制，合理安排项目经费，杜绝浪费现象。要知道，预算管理是一项很严肃的工作，从预算的制定到预算的审批，从预算指标的控制，到预算项目的调整都必须要强调预算的严肃性。

（4）加强预算执行过程的监督。要改变重预算、轻管理的现象，加强预算执行的监督，这是预算管理的一个重要环节。与此同时，还要建立经常性的

---

① 王洪侠，田蕾，费亚红.浅析事业单位预算管理的重要性[J].现代商业，2010，（02）：133.

检查和定期评估制度，在预算确定后，对资金使用的各个环节要进行全方位、多角度的监督，以达到跟踪问效、加强财务管理的目的，从而实现加强预算管理、强化预算监督的目标。

（5）进一步完善和推进政府采购制度。对于事业单位来说，政府采购与单位的支出管理，预算编制紧密相连，在编制财政年度预算时，应该将该财政年度政府采购项目及资金列出，报本级财政部门汇总。所以，政府采购预算是事业单位部门预算的重要组成部分，实行政府采购制度可以为财政支出管理和部门预算管理建立一种全方位、全过程的管理模式，可以提高部门预算执行准确性的效率。因此，在实际工作中，要对政府采购预算加强管理。

预算分析是预算管理的后期工作，是对预算的实施进行总结评价，包括支出的预算比较相关因素的分析，合理化建议等。预算分析可以发现预算管理中的可行之处和存在的不足，取长补短，使事业单位管理和财务管理工作迈入科学化、制度化、规范化的轨道。随着部门预算、国库集中收付制度与政府采购制度的全面推广与日益完善，事业单位预算管理工作一定能发挥其应有的作用。

| 第三章 |

现代事业单位政府会计制度与权责发生制

当前，市场经济的快速发展，促进了行政事业单位财务管理体系的发展，使之变得更加完善。过去的收付实现制度已经不能满足现代经济发展对会计信息质量的需求，要确保会计信息质量，有效体现政府各方面的会计信息，促进现代财政制度建设，就要在行政事业单位中有效运用权责发生制。本章重点围绕政府会计制度、权责发生制改革的必要性与可行性、权责发生制改革构思与实施措施、权责发生制在事业单位会计核算中的运用进行论述。

第一节　政府会计制度分析

一、政府会计制度改革的必要性

目前，我国现行政府会计制度体系中统一性的法规是《中华人民共和国会计法》和《中华人民共和国预算法》，具体的会计制度主要包括财政总预算会计制度、行政单位会计制度与事业单位会计制度等，以及医院、基层医疗卫生机构、高等学校、中小学校、科学事业单位等特殊行业的事业单位会计制度和有关基金会计制度等。①

以收付实现制为主的会计核算体系，可以说是我国政府会计工作领域的基本核算基础。收付实现制在我国财务管理体系中发挥了至关重要的作用，构成了财政体系的核算基础。收付实现制能够完整反映政府部门的预算收支执行情况，能够为决算报告提供数据支持，为政府财政资金的合理合规使用和政府职能的有效运行发挥着关键性的作用。不过，随着我国国情的变化，经济的高速发展，政府部门职能的改变和政府部门机构改革的需求，仅仅以收付实现制为基础的政府会计核算制度已经远远满足不了日渐繁杂的政府会计经济事务。目前，修订后的事业单位会计准则和会计制度要求事业单位对固定资产计提折旧、无形资产进行摊销，但是计提折旧、摊销后都是"虚提"，折旧费、摊销费用都是计入基金项目，并不是直接计入成本，所以不能真实反映行政事业单

① 戴红迎.关于政府会计权责发生制改革的研究[D].厦门：厦门大学，2014：9-39.

位的成本费用的实际状况，这就违背了会计核算中的收入与成本匹配的原则。成本费用核算得不准确就会影响政府资产负债的真实情况的呈现。除此之外，还会影响政府的实际运行成本情况、科学评价政府绩效等方面的反映，难以满足编制权责发生制政府综合财务报告的信息需求。因此，在新的形势下，现行政府会计规则和会计制度的改革势在必行。

当旧的制度和准则不能适应层出不穷的新需求与新问题的时候，《政府会计准则——基本准则》的制定与发布就成为政府会计体系变革的必然要求，这也会是政府会计工作准则的一个新突破和新发展。政府与社会各界对会计基本准则进行了广泛的讨论和调研。而四项具体准则和政府会计制度（征求意见稿）的发布，为政府会计改革的具体实施提供了行动的指南。

二、政府会计准则与会计制度的创新性

（1）财务会计与预算会计的统一性。政府会计准则和政府会计制度打破了政府部门的性质差异，一般情况下，不再对行政和事业单位进行区分。而将行政事业财务规则与行业事业单位会计制度进行了统一，基本实现了会计科目统一、核算内容和报表统一，这为各级政府财政部门编制权责发生制与政府综合财务报告和各部门，以及各单位编制财务报告及进行成本核算打好了坚实的会计核算基础，从而有利于不同行业、不同背景的政府部门之间进行对比。

（2）财务会计与预算会计核算“二元化”。政府会计准则和政府会计制度中二元化特征最为鲜明，为了发挥政府预算会计与财务会计核算的双重功能，在核算基础上，预算会计采用收付实现制，财务会计采用权责发生制。而会计要素则体现了“二元结构”，创新性地引入了“8要素”的会计核算思路。目

前，可将会计要素分为两大类：一类是预算收支表会计要素，以收付实现制为主要核算基础的会计科目，应准确完整反映政府预算收入、预算支出和结转结余等预算执行信息；另一类是资产负债表会计要素，以权责发生制为主要核算基础的会计科目，应全面准确反映政府的资产、负债、净资产、收入、费用等政府主体的财务信息。

（3）政府预算会计与财务会计具有互补性。政府预算会计和财务会计适度分离又相互衔接，这是此次政府会计准则的突出特点。所谓适度分离是指在实现预算会计和财务会计的双重功能的同时，又可以提供决算报告和财务报告，能够全面反映政府部门的预算信息和财务信息。所谓相互衔接是指在同一会计核算体系中，预算会计要素和财务要素相互协调，决算报告和财务报告相互补充，预算信息和财务信息同时提供政府部门的真实情况。二者既各司其职又是统一的有机整体，而不同的核算方向则提供完整的政府主体的财务信息和报告。

三、政府会计改革对行政事业单位的影响

（1）有利于行政事业单位加强自身的资产和负债的管理。通过推行政府会计改革，在政府会计准则和政府会计制度下，能够反映行政事业单位真实的资产和负债情况与预算执行情况，促使行政事业单位完善自身的制度管理，严格落实与国有资产管理有关的规定，打好资产管理的基础，提高国有资产管理的效果，实现资产和资源的合理配置，从而防范和化解财务风险。

（2）有利于行政事业单位建立科学的绩效评价机制。政府会计准则要求政府主体按照权责发生制原则进行核算，按照“实提”的原则计提固定资产折旧费用、无形资产的摊销费用等，应该按照要求编制收入费用表，这样才能合理

反映单位运行成本，提供高质量的会计信息，并且建立有效实施预算绩效考评制度，从而提升单位的绩效管理水平与政府部门的服务能力。

（3）有利于行政事业单位廉政建设。政府会计准则和会计制度要求行政事业单位不仅仅提供决算报告，而且还要提供资产负债表、收入费用表和现金流量表等在内的财务报告，全面反映单位的预算执行情况、财务状况、运行情况和现金流量等。政府部门的财务报告的信息使用对象，不仅仅是上级单位和主管部门，而且还有广大的民众。

第二节　权责发生制改革的必要性与可行性

一、权责发生制改革的必要性

所有制度的改革都会有一些驱动因素，我国政府会计制度改革中自然也有这样一些驱动因素，这些驱动因素可以说是为满足政府对较高的会计质量的需求。这些需求具体可以从以下几方面来分析。

第一，我国行政管理成本膨胀导致的财政压力促使政府会计透明化的需求。在控制行政成本方面，要重视政府财务状况的全面披露。以权责发生制、成本核算体系与全面财务报告披露为特征的新型政府会计体系，将有助于提高财政信息的透明度，提高绩效管理水平，对行政支出成本具有监督和控制作用。①

第二，进一步推动我国新公共管理体制改革的需要。在新公共管理体制改革浪潮下，世界各国与国际组织对各国政府会计的要求，对我国权责发生制政府会计制度改革发挥了推动作用。新公共管理体制改革转变了传统政府管理理念，由原来的管理型政府逐步向服务型、绩效型政府转变。而建立健全绩效评价管理体系，就需要有一套完整的会计管理体系作为依托，以提供有效的财务信息。于是，逐步推进权责发生制改革就成为健全政府绩效评价体系、转变政府职能的有效途径。公共资源市场化推进，则让一些私人部门进入了公共管

---

① 戴红迎.关于政府会计权责发生制改革的研究[D].厦门：厦门大学，2014：9-39.

理领域，政府将部门公共产品与服务外包给私人部门的情况越来越普遍。随着与私人部门的合作逐渐增多，对政府提供会计信息的可靠性和透明度的要求更高。

第三，审计机构、纳税人、决策者等信息使用者，对政府财务信息的要求进一步提高。随着我国公民意识逐步提高，社会公众要求政府财务状况和资金使用情况要公开化，建立高效廉洁的服务型政府的呼声日益强烈，而建立完善的会计体系则能够让公众对政府在公共服务成本、效率和成果方面的表现有更好的评价。由于政治经济体制改革的逐步扩大，审计机构的审计目标也从财政预算收支合规性向绩效审计转变。绩效审计要求政府提供更加准确、全面的财务信息，权责发生制政府会计改革则有利于政府为社会各界提供高质量的财务信息。

政府职能角色的转变，需要政府财务信息成为其管理决策的依据。在收付实现制下，会计信息仅仅核算财政收支情况，难以覆盖所有的会计要素。而权责发生制则可以为决策者提供有用的数据，核算公共产品和服务的成本和费用，从而有利于财政资金使用效率的评价分析，增强管理者对产出和结果的责任感。

二、权责发生制改革的可行性

近年来，根据市场经济发展的要求，我国相继在预算管理制度方面进行了改革，如在预算编制方面实行部门预算编制和逐步推行零基预算，在预算支出管理方面实行国库集中支付制度和政府采购制度。这些改革措施能够很好地为权责发生制改革奠定基础。

在预算编制方面，部门预算基本上细化到了基层预算单位，对预算科目细化到了类、款、项、目，项目支出细化到了具体事项，从部门分类、功能分类、经济分类等多个维度对预算进行编制，以全面反映部门人员支出、公用支出、项目支出等详细情况，达到了从预算层面强化对资金约束的目的。与以往的预算编制相比较，现行部门预算制度能够清晰地归集部门所有收支项目，提高部门预算编制的完整性、准确性和规范性，从而提高预算编制的公开透明度。

在支出管理方面，国库集中支付加强了财政预算的准确执行。过去财政将资金直接拨入预算单位银行账号，而单位是否按既定的预算执行，执行进度如何，只能在事后进行检查和监督。国库集中支付后，部门每一笔支出都在相应预算指标的控制之下，有效提高了部门在资金使用上的准确性和规范性，有效防止项目资金被随意挤占、挪用和截留的情况发生，从而为政府部门使用权责发生制进行核算奠定基础。

随着我国国库集中支付制度和财政一体化的推广，政府会计的信息化水平不断提高。由于权责发生制改革将对我国的会计信息化水平提出较高的要求，我国在预算编制、预算执行上均采用信息化流程，能够为权责发生制改革提供高效的数据信息。目前，我国政府已经具有了应用权责发生制的条件，将该项确认体系逐步引入我国政府会计制度中可以说是切实可行的。

第三节　权责发生制改革构思及实施措施

一、权责发生制改革构思

（一）权责发生制改革的前提

权责发生制改革要在以下这些前提下进行。

第一，改革要以法律保障为前提。目前，我国的政府会计法律法规还处于相对落后的地位，必须尽快修订新的法律法规，使其满足权责发生制改革的需求。这其中主要包括对会计、审计法律法规的修订，制定权责发生制会计准则，详细规定适用权责发生制的具体事项及资产、负债的处理规定，制定政府绩效考评制度、政务信息公开制度等相应的配套制度。

第二，建立与权责发生制相适应的计算机信息系统。权责发生制改革在政府会计中信息量变大，操作更为复杂，从而需要有配套的信息处理系统来作为支撑。在权责发生制改革中，仍然保留二元化体系的法国对于新型计算机和软件系统的要求比较高。近年来，随着我国“金财工程”和“一体化”建设的推进，预算信息管理和财务信息的管理水平则有了明显的提高。不过，这些系统均是以收付实现制为基础设计的。要想适应权责发生制改革，就需要有一套更为完备全面的信息技术系统做支撑。

第三，加强对会计人员的培训。相对于权责发生制，收付实现制操作更为简单，易于理解，核算成本低，对于政府会计人员的业务水平要求较低。政府部门会计从业人员不需要经过太多培训就可以进行操作。而在改革后，由于所运用的权责发生制会计原理相对复杂，对会计人员的素质也提出了更高的要求，需要对原有的会计人员进行培训。由于改革后的成本核算和绩效核算方面需要会计人员具有一定的判断能力，这就需要会计人员对政策和制度进行深入的理解。因此，在改革过程中，我国需要做好政府会计培训工作，提高政府会计人员的素质，改变当前政府会计从业人员素质参差不齐的情况。

第四，加强宣传工作。加强对政府官员、公众的宣传，使社会上各类政府财务信息使用者充分理解和认同权责发生制改革的目的和意义。对各阶层的政府职员进行培训，在培训中进行意见交流和反馈，使他们逐渐树立在改革中承担责任的观念。有些管理人员对会计方面的一些问题不太感兴趣，通过预算和个人绩效的桥梁作用，可以提高他们对改革的关注程度。通常，当管理人员意识到权责发生制改革有可能影响到部门的资金水平或者是个人乃至单位的工作绩效时，他们对改革的关注程度也会随之升高。

（二）政府会计目标的定位

政府会计目标是政府会计理论的逻辑起点，它是政府会计系统提供信息所要达到的目的，即政府会计是为哪些人提供怎样的会计信息，以及满足会计报表使用者的哪些需求。

政府组织作为社会经济体系的一部分，需要运用和消耗社会资源来实现自己的目标。政府资源主要包括税收收入、投资收入等。不论资源来源的渠道如何，其所有权应该归属于社会公众、投资者和债权人。社会向政府提供财政资源，立法机构授权政府管理和使用这些财政资源，政府受托管理并有权使用这些公共资源，自然就有义务向社会公众报告管理这些资源及其有关的规划、控制、财务等情况。因此，从公共受托责任观来看，政府会计信息的使用者应该是这些资源的所有者、投资者、债权人以及各种监督机构。包括：社会公众、投资者、债权人、立法机构、政府部门、审计部门、评估机构、其他政府、国际性机构和资源提供者等。

尽管信息使用者对各种信息的偏好程度不同，但是使用者群体之间对会计信息的需求仍然有许多共同之处。会计信息目标主要分为九类：①评价收入的来源和类型、资源的分配和使用；②评估收入足以弥补营运成本的程度；③评估政府资源的使用是否与法定预算和其他立法及相关授权，如法律和合同的制约条款等相一致；④评估政府和公立单位主体的总体财务状况和财务业绩；⑤评估政府或者其主体对资源监管和维护的履责情况；⑥向公众提供代表纳税人利益的资产信息；⑦评估政府对长短期债券的偿还能力；⑧评估政府对经济的影响能力；⑨预测现金流量和未来现金的调度和数量以及借款需求。

（三）会计信息质量的提升

权责发生制改革是否能在会计信息质量方面得到提升，这需要从会计信息质量的角度来探讨权责发生制改革。美国财务会计准则委员会（FASB）和国际会计准则委员会（IASC）在对会计信息质量特征进行研究后，将其归纳为相关性、可靠性、可比性、可理解性以及约束条件即成本效益原则。根据我国的实际情况，我国会计准则对会计信息质量提出了要求，并且按重要程度依次分为可靠性、相关性、可理解性、可比性、一致性等。由于我国有些企业会计信息上存在上市公司财务报告信息严重失真的现象，由此我国的会计准则将会计信息质量的可靠性排在了第一位，这符合我国的实际情况。在政府会计领域中，原来采用的收付实现制所提供的会计信息质量不高，已经不能满足会计信息使用者的要求。至于权责发生制如何提高会计信息的质量，则需要着重关注以下几方面的特性。

第一，相关性。相关性这一会计信息质量特征包含了会计信息的及时性、重要性和完整性。相关性要求单位能够提供与信息使用者进行监督和决策有关的信息，这样的信息必须是及时的、重要的而且是完整的。在应计制确认基础上，单位能够对资产、负债进行更完整全面的反映，也能将应收应付款项纳入核算范围，从而使会计信息更加完整。对所提供的会计信息，我们要求是及时的，因为会计信息具有时效性，有些信息过了时效就失去了原有的价值了。而重要性的改进主要反映于财务报告上，权责发生制改革后，我们希望所提供的信息能够更加满足使用者的需求。对于一些有不确定性的经济事项且可能造成重大影响的，希望在改革后可以在财务报告中进行表外呈现。

第二，可靠性。可靠性要求单位所提供的会计信息要真实反映单位的经济活动。单位会计信息既不倾向于某些预设的目标，又不刻意迎合某一类型的会计信息使用者，公正客观，不偏不倚地如实反映经济业务。在提高会计信息的可靠性方面，应计制比现金制有更高的优势，应计制主要是根据实际已经发生的经济业务来确认收入或支出，这更能反映出经济业务的本质。而现金制主要根据单位是否收到或支出现金来确认收入或支出，更注重形式上的收入与支出。因此，应计制比现金制更加真实可靠。在引入权责发生制后，由于涉及收入和支出的确认，在确认上比现金制更为复杂，主观性更强。因此，需要有完善的会计制度等细则，以对权责发生制收入和支出的确认时点做出明确的规定。在制度完善的前提下才能对会计处理进行规范，并且反映会计信息合法合规、忠实可靠的本质。

第三，可比性。会计信息使用者分析会计信息最常用的方法就是数据对比法。对比内容包括同一报告不同项目的对比、同一单位不同会计期间的对比，不同单位同一会计期间的对比等。在政府会计中，有一部分带有经营性质的事业单位已经实行企业化管理，如医院，这样的单位已经率先实行了权责发生制会计确认基础。因此，对政府会计全面推行权责发生制的改革有利于提高会计信息的可比性，包括与自收自支的事业单位、与企业进行对比。不过，在会计制度发生变更时，为了不影响会计信息的可比性，应该在会计报表附注中说明变更的原因和影响，并且要列示前期的相关信息。

第四，可理解性。在会计理论中，一般将会计信息的使用者假设为具有财务知识基础的人群，他们愿意花费时间去研究相关的会计信息，以对其进行深入的理解。我国企业会计以应计制为会计核算基础，不管是公众或者媒体等会计信息使用者，经常接触的会计信息都是以应计制作为核算基础的，因此，都比较熟悉，也更易理解应计制。政府会向社会披露会计信息，以达到会计信息透明的目的，这已经是大势所趋。而在向社会披露信息时，使用应计制将更能被社会公众所接受与理解。

（四）政府会计体系的构建

我国财政总预算会计以收付实现制为基础，以预算管理为核心，重在反映预算收支情况，无法反映政府整体运营成果和财务状况。而行政单位与事业单位会计又对部分资产和负债进行核算，并不是完全意义上的现金制。就拿固定资产的购置来说，它既反映了支出增加（预算会计），又同时反映了资产增加（财务会计）。由此可见，我国现行的政府会计是预算会计和财务会计的混合体。这样的政府会计模式既无法发挥预算会计的功能，也无法实现财务会计的目标。

在这样的混合会计体系中，如果强行推行权责发生制，必然干扰和削弱预算会计的核算功能。最典型的是案例是，在跨期间之际，应付款项在权责发生制中已经计入支出，但是实际上资金并未流出，这样的会计信息会造成预算资金补充期间的混乱。再比如，在固定资产计提折旧的处理上，权责发生制在购入固定资产时将其费用资本化，待计提折旧时再分期摊入费用，而这部分折旧费用并不是财务资源的实际耗费，也无须再补充预算资金。因此，在现行政府会计体系下不能强行引入权责发生制。

新的政府会计体系既要满足预算管理的需求，又要实现财务管理的目标，这就需要将预算会计从政府财务会计中分离出来，建立预算会计与财务会计的“二元体系”，形成新的政府会计模式。预算会计仍然以将提供预算资金的收入、分配和执行情况的信息，政府资金取得与使用的合法合规性等作为目标，收付实现制则能够满足核算财政资金收支的需求，并且能有效控制资金使用情况，因此，预算会计应该遵循与预算编制一样口径的核算基础，即收付实现制。而在财务管理方面，财务会计以提供全面、真实的财务状况为目标，帮助信息使用者评价政府的服务成本和效果，提供与实物和非财务资源相关的信息。这就要求政府财务会计以权责发生制为确认基础，以满足实现财务管理目标的需求。

（五）政府财务报告的分析

财务报告为信息使用者提供所需要的信息，是实现会计目标的载体。世界上许多国家都通过政府财务报告向立法机构和社会公众提供政府财务信息。随着会计确认基础的转变，财务报告体系也应该随着转变。由于我国尚未实行政府财务报告制度，对外披露财务信息的制度还存在不足。而目前，我国正积极推动政府财政预决算报告制度，以对财政预算执行情况、财政收支情况和预算草案进行报告。

财务报告是为一定范围内的外部使用者编制的，而绝大多数的信息使用者获取信息的渠道非常有限，因此非常依赖政府财务报告所提供的信息。对于一些难以量化、无法纳入财务报表的信息，可以将其作为附加信息在财务报告附注中加以披露，如总体经济状况和政治环境报告等。

随着我国的企业会计制度的不断改革，我国的企业会计制度已经慢慢进入了一个较为成熟的阶段，能与国际会计制度顺利接轨。因此，我国政府会计财务报告体系可以适当借鉴企业会计财务报告体系的结构。一般来说，财务报告体系包含：财务报表、财务报表附注和附加披露等说明性文字。我国政府财务报告体系框架见表3-1。[①]

表3-1 政府财务报告体系框架

<table>
<tr><td rowspan="4">部门财务报表</td><td rowspan="2">以财务会计体系为基础</td><td rowspan="2">以修正的权责发生制为核算基础</td><td>资产负债表</td><td rowspan="4">逐级合并财务报表</td><td rowspan="4">政府财务报表</td></tr>
<tr><td>营运成本表</td></tr>
<tr><td rowspan="2">以预算会计体系为基础</td><td rowspan="2">以修正的收付实现制为核算基础</td><td>现金流量表</td></tr>
<tr><td>预算执行情况</td></tr>
<tr><td colspan="2">财务报表附注</td><td colspan="4">包括：重要会计政策的说明；会计基础、计量基础和会计估计的说明；其他有助于理解和分析会计报表的事项</td></tr>
<tr><td colspan="2">文字报告说明</td><td colspan="4">包括：对报告内容的分析和评价及说明</td></tr>
</table>

在政府财务报告体系框架中，财务报表可以说是财务报告的核心，它主要包括以修正的权责发生制为核算基础的资产负债表和营运成本表，以及以修正

① 戴红迎.关于政府会计权责发生制改革的研究[D].厦门：厦门大学，2014：9–39.

的收付实现制为核算基础的现金流量表和预算执行情况表。财务报表主要反映了单位的财务状况和经营成果。政府层面的财务报表可以通过逐级合并资产负债表、营运成本表、现金流量表和预算执行情况表来生成，其反映的内容与部门财务报表相类似。

财务报表附注是财务会计报告体系的重要组成部分。由于财务报表仅能反映货币计量的财务信息，存在局限性，因此财务报表附注和附加披露是财务报表的补充说明。财务报表附注主要反映了以下几方面的会计信息：①财务报表编制所依据的会计政策、会计基础和计量基础，采用这种编制基础的原因、影响等信息；②政府财务报表中尚未反映，但是对公众允许表达的附加信息，这类信息主要包括难以计量或计量成本过高，而未能在报表中反映的国有资产等；③会计计价和会计处理方法的说明；④与政府财务指标相关的信息，如政府人员数量、资产构成等。

财务报告说明书主要是对财务报表和附注所反映的信息，以及无法反映的经济信息进行总结、分析和评价。财务报告说明书的内容包括：①对预算执行情况的评价，将预算与执行情况做对比，并对二者的差异进行说明；②对政府整体财务状况和运营绩效做分析；③对不符合规定的资金支出做出说明；④对公众关心的热点问题，特别是有关民生的财政资金安排与使用情况进行说明。

资产负债表是在财务会计体系下编制的，以权责发生制为基础，主要反映部门的资产、负债和净资产信息，帮助信息使用者评价政府的财务状况，监督政府资源使用效率。

营运成本表以权责发生制为编制基础，由于政府部门的收入和费用以及其差额不能完全反映政府部门的绩效，其收入和费用大部分是行政权力赋予的，并不像企业一样是通过提高自己的营运能力获得，因此，编制营运表不能真实反映会计主体的业绩。考核单位业绩需要制定与之相关的综合考核体系，营运表只能作为考核的参考指标。

现金流量表以收付实现制为编制基础，反映营运活动、投资活动和筹资活动所产生的现金流入和流出，帮助报表使用者评价政府的创新能力、筹资能力和资金实力，并且估计未来的现金流量。

预算执行情况表用来反映政府部门的预算执行情况。通过预算计划与实际执行情况之间的差异，来评价预算主体的绩效。

二、会计权责发生制在政府会计中的实施

一直以来，我国的政府会计制度都是以收付实现制为主，而推行权责发生制改革，在财务会计上就是需要引入哪些事项进行权责发生制确认，需要对引入事项的计量技术和成本进行考量。通常，对那些在计量上存在困难或是需要投入较高成本的会计事项，可以采用收付实现制，如资产类与负债类会计事项。

（一）资产类

公立单位持有的资产可以划分为流动资产和非流动资产。非流动资产又可以划分为固定资产和无形资产。

1.流动资产

（1）流动资产——对外投资。私立单位的金融投资是指为了获取资本增

值或者投资收益的资产。而政府持有的投资是因为其拥有所有者的行为，是向公众提供服务的最佳途径。对于政府可回收的那部分投资，应该计入资产。而为缓解实体财务危机而追加的投资一般不太可能进行回收，应该将其确认为费用。

（2）流动资产——未偿还贷款。政府所拥有的贷款主要是国外债券，应根据成本计入资产，这类贷款的利息符合收入的定义，在实际收到利息前，应该将其确认为应收利息。

（3）流动资产——应收款项。应收款项包括提供给第三方商品和服务所产生的欠款，以及政府部门已经确认为收入的，但是尚未收到上级政府或财政部门提供的拨款。对于难以收回的款项，应该计提坏账准备，应收款项按账面价值减去坏账准备的余额列示。

2.非流动资产

非流动资产分为固定资产和无形资产。由于过去在固定资产的核算上，政府会计将其一次性计入费用，一旦固定资产购入，计入费用后就退出公众的视野，不再对固定资产进行核算。因此，有许多固定资产被遗留在账外。对于在建工程，在基建专户中，会计制度要求对在建工程进行核算，待工程完工后再将其并入固定资产科目。为了摸清政府公共资产的“家底”，应该对固定资产进行清查，将未计入的固定资产及时补入，而在建工程也应该纳入政府资产核算之中。

政府资产在计量上具有复杂性和广泛性的特点。政府固定资产包括政府公共资产、政府国防和科学设施资产。由于军事设施等国防资源，涉及国家机密，也不宜在财务报表中进行反映，故暂不列入政府资产的计量对象范围。即政府固定资产计量对象范围仅包括政府公共资产。目前，我国固定资产的核算范围仍然比较窄，在会计准则中，我国财政部主管部门应该对固定资产的具体核算范围进行详细的定义，并适度扩大核算的范围。

固定资产应该在财务会计中资本化，并且计提累积折旧。对前期已购入的固定资产采用“虚提”折旧一次性计入“累计折旧”，并且相应冲减固定基金。应该将新购入的资产资本化，待计提折旧时计入费用。对于一些难以计量其价值的固定资产，可以在财务报表附注中进行披露，如历史文化遗产和自然资源。

（二）负债类

负债类可以分为应付款项、应计负债、隐性负债和或有负债。

应付款项一般为购买商品和服务产生的应付账款。由于政府实行了采购制度，审批手续因而较为复杂。通常，购入商品与实际支付款项之间会有一个较长时间的间隔，甚至会发生跨年度支付的情况。公立部门需要对购入的商品进行入账处理，确认费用，并且将其计入应付款项。对于一些由于以往采用收付实现制而无法确认的“隐形债务”，在改革后，都能得以确认和计量。以短期借款和长期借款的利息为例，要根据合同规定按期进行计提，待实际支付时再冲减负债。而对到期应付未付的职工工资、按预算进度应付未付的在建工程款等，都可以在报表中有所反映。

公立单位的或有负债是因过去事项而发生的潜在义务，其存在仅能通过不完全由单位控制的一个或数个不确定的未来事项的发生，以及不发生予以证实。虽然由于或有负债具有不确定性，不能在资产负债表中进行确认，但是应该在财务报表附注中进行披露。

（三）收入与支出类

在收入方面，公立单位的收入分为财政性资金和非财政性资金。公立单位的财政性资金收入应该以单位实际获得的收入作为确认标准。而对于全额拨款单位而言，其收入主要是同级财政拨付的财政性资金，在我国已经全面实行国库集中支付制度的背景下，财政批复用款额度与单位实际获得收款的权利不存在时间上的差异。因此，公立单位确认拨入的财政性资金标准十分明显，即单位收到用款额度即可确认收入。当财政所批复的用款额度是上一年度申请留用的资金时，单位就不应该将其列为收入，而应冲减财政，返还额度。对于非财政性资金，单位应该按照取得收款权利的时间来作为确认收入的依据。

在支出方面，公立单位的支出主要是为了维持单位的运转，完成其经济业务而发生的经济支出，包括人员经费支出、公用经费支出、项目支出等。在应计制下，单位应该按照实际取得付款责任的时间来作为支出的依据。如按照合同规定的付款时间或者按照经济事项已经发生来确认支出。除此之外，在应计制下，公立单位还应该注意对于一些待摊费用、计提折旧等，也应该相应地做支出处理。

第四节　权责发生制在事业单位会计核算中的运用

所谓权责发生制，又叫作应收应付制，主要是以发生作为前提，对于在一定时间之内，单位可以获得的收入与费用进行确定，并且对属于该时期的收入以及费用进行全面的处理，而不是以是否可以将款项当成支付作为实际依据。即便是在该时间内获得的款项，一旦不属于该时期的收入与费用，同样不能按照该时间对于该项收入或者费用进行相应的处理。因此，在当前发展的背景下，权责发生制对于事业单位会计核算有着非常重要的意义。

一、事业单位会计核算中应用权责发生制的重要性

在事业单位的会计核算之中，使用权责发生制，会以经纪业务实际的情况为标准，并且据此对费用与收入进行确认，从而能够准确地记录每一项经济业务发生的时间。因此，当前权责发生制成为我国企业会计确认、报告以及计量的基础，其不仅能够推动事业单位市场化的形成，而且还可以使我国事业单位与国际会计的发展相适应。[①]

相对于收付实现制而言，在进行会计核算时，权责发生制可以更加精准地将事业单位的资产情况反映出来。如果使用收付实现制，事业单位在进行会计

---

① 张尧．权责发生制在事业单位会计核算中的实践 [J]. 经济研究导刊，2020，（21）：96-97.

核算时，资产不计提折旧，便会使会计分期资金使用效益的可比性出现下滑，而权责发生制则不会出现这一问题，从而能够使事业单位的效益得到保障，能够确保预算管理的规范性。

二、事业单位会计核算中权责发生制的运用实践

事业单位会计核算中权责发生制的应用主要有以下方面。

（一）在收入方面应用权责发生制

第一，事业单位的会计核算人员，在对于单位未来项目经营进行设计与规划的时候，一定要符合国家财政部门的相关规定。另外，工作人员在进行会计核算时，要根据权责发生制的具体要求，进行相应的活动，严格遵守收入与支出两条线。

第二，对于国家财政部门发放的、专门用来提高事业单位经济活动水平的预算资金，以及通过预算法得到的财政专项资金进行计算。在开展年度预算之前，事业单位的会计工作人员需要根据自己单位的实际情况，全方位地进行研究和分析，以将该资金合理科学地分配到财政补助收入、事业收入与其他收入等部门之中，使收入计算精准。

第三，事业单位会计核算人员，可以利用权责发生制的优势，对每一项经济行为的收入情况，进行准确和详细的记录。在记录的过程之中，除了需要将经济行为发生的具体时间进行记录外，还应该将该业务是否可以按时到账等都记录于其中。

（二）在支出方面应用权责发生制

事业单位的会计人员在支出核算时使用权责发生制，主要是用于借入款项利息支出，以及事业单位内用于资本性和收益性支出。因为利息支出有一定的时效性，在对借入款项利息支出进行核算的时候，就需要将其与事业单位借款时间和利率进行结合，并且要按照会计核算周期完成利息支出计算。不过，在对核算利息支出进行实际计算的时候，由于事业单位的工作内容比较复杂，其支出量具有零散性的特征，在对整体支出进行记录的时候，就要应用权责发生制，这样才可以将事业单位经济的实际支出情况进行准确的记录和反映。

（三）在对外投资方面应用权责发生制

第一，债权性投资。事业单位如果选择使用债权性投资方式来进行对外投资，其收益并不一定能够在同一时间内全部收回，并且其投放的资金与获取的资金数量也不稳定，甚至会因为各种因素的影响而出现比较大的变化。因此，事业单位如果利用债权性方式进行投资，就不能在将投资数量收回的时候，直接进行最终的确认与记录，而是需要在债权性投资有阶段性收益之后，以某一个因素作为条件，分时期进行确认与记录。而选择该类操作模式，不仅可以提高事业单位的对外投资记录质量与效率，而且还可以在一次性记录时，解决投资行为之中出现的变化性问题。以某一单位购买相关债券为例，某一单位购买相关债券时，需要对债券的分红时间进行记录。绝大多数情况下，每个月都需要对债券分红时间进行相应的记录。

第二，股权性投资。事业单位如果选择股权性投资方式，在进行会计核算时，则需要根据实际情况灵活地使用权益计算法。除此之外，工作人员还应该根据会计核算制度与要求，将投资与回收的过程进行详细的计算，即投资获取的利益、遭受的损失等，将最终结果记录到事业单位应收利息中。

（四）在固定资产核算中应用权责发生制

目前，固定资产是事业单位资产中一个最重要的组成部分，工作人员需要加强对固定资产核算的重视度，需要以权责发生制为基础，完成固定资产的核算，从而实现对于固定资产的确认、记录等。在进行具体的核算过程之中，需要科学地使用年限法与工作量法，对固定资产原有的价值进行相应的记录。与此同时，还需处理好固定资产的计提折旧，以保障固定资产会计核算能够将事业单位固定资产的实际价值精准地反映出来。

在进行会计核算时，事业单位会计人员需要科学地利用权责发生制，将一些财务风险进行科学化的规避。与此同时，还要注意收入与支出方面、对于固定资产的管理、对外投资的评价，等等，以有效地应用权责发生制，发挥该制度的优势，从而提高事业单位财务会计工作的质量，保障事业单位经济价值的精准性。

| 第四章 |

现代事业单位税收管理与措施

社会经济的飞速发展和经济全球化，给事业单位的经营管理带来了一定的机遇和挑战。税收管理是经营管理的重要组成部分，关系到企业的管理水平和长远发展，有助于产业结构的优化调整。因此，加强事业单位税收管理，是提高事业单位竞争力的重要途径，是资源合理配置的有效保障。本章重点探讨税收征收管理的基本内容、税务管理与税款征收、税务检查与行政复议、现代事业单位财政税收管理的措施。

第一节　税收征收管理认知

税收征收管理法，是指调整税收征收与管理过程中所发生的社会关系的法律规范的总称。其中，包括国家权力机关制定的税收征管法律、国家权力机关授权行政机关制定的税收征管行政法规和有关税收征管的规章制度等。税收征收管理法属于税收程序法，它是以规定税收实体法中的权利与义务履行的程序为主要内容的法律规范，是税法的一个重要组成部分。税收征收管理法不仅是纳税人全面履行纳税义务必须遵守的法律准则，也是税务机关履行征税职责的法律依据。

一、税收征收管理法的适用范围

凡依法对由税务机关征收的各种税收所进行的征收管理，均适用《中华人民共和国税收征收管理法》。就现行有效税种来说，增值税、消费税、营业税、企业所得税、个人所得税、资源税、城镇土地使用税、土地增值税、车船税、车辆购置税、房产税、印花税、城市维护建设税等税种的征收管理都适用于《中华人民共和国税收征收管理法》。

而耕地占用税、契税的征收管理，则是要按照国务院的有关规定执行。

由海关负责征收的关税与海关代征的进口环节的增值税、消费税，则要依照法律、行政法规的有关规定执行。

我国与外国缔结的有关税收的条约、协定，以及《中华人民共和国税收征收管理法》有不同规定的，要依照条约、协定的规定办理。

二、税收征收管理的法律关系

（一）税收法律关系

税收法律关系，是指税法所确认和调整的税收征纳主体之间在税收分配过程中所形成的权利与义务关系。与其他法律关系一样，税收法律关系也是由主体、客体和内容三部分组成。[①]现具体分析如下。

（1）税收法律关系主体。税收法律关系主体，是指在税收法律关系中依法享有权利和承担义务的当事人，即税收法律关系的参加者。税收法律关系主体包括征税主体和纳税主体。①征税主体。征税主体是指在税收法律关系中代表国家享有征税权利的一方当事人，即税务主管机关。包括各级税务机关、海关等。②纳税主体。纳税主体是指税收法律关系中负有纳税义务的一方当事人，即通常所说的纳税人、扣缴义务人和纳税担保人。在税收法律关系中，双方当事人虽然是管理者与被管理者的关系，但是他们的法律地位是平等的。

（2）税收法律关系内容。税收法律关系内容，是指税收法律关系主体所享受的权利和应承担的义务。

（3）税收法律关系客体。税收法律关系客体，是指税收法律关系主体双方

① 陈昌龙.财政与税收[M].北京：北京交通大学出版社，2016.

的权利和义务所共同指向的对象，如房产税征纳关系中的房屋、所得税征纳关系中的所得等，都属于税收法律关系客体。

（二）征纳双方的权利与义务

根据《中华人民共和国税收征收管理法》与其他有关行政法规以及规章的规定，征纳双方在税收征收管理中既享有各自的权利，又必须承担各自的义务，它们共同构成了税收法律关系的内容。现具体分析如下。

1.征税主体的权利与义务

征税主体的权利与义务直接体现为征税机关和税务人员的职权和职责。

（1）征税主体的职权。作为国家税收征收管理的职能部门，征税主体享有税务行政管理权。征税机关和税务人员的主要职权包括六个方面。①税收立法权。税收立法权包括参与起草税收法律法规草案，提出税收政策建议，在职权范围内制定、发布关于税收征管的部门规章等。②税务管理权。税务管理权包括对纳税人进行税务登记管理、账簿和凭证管理、纳税申报管理等。③税款征收权。税款征收权是征税主体享有的最基本、最主要的权利。税款征收权主要包括依法计征权、核定税款权、税收保全和强制执行权、追征税款权等。④税务检查权。税务检查权是税务机关查处税收违法行为的职权，包括查账权、场地检查权、询问权、责成提供资料权、存款账户核查权等。⑤税务行政处罚权。税务行政处罚权是对税收违法行为依照法定标准予以行政制裁的权利，如罚款等。⑥其他职权。如在法律、行政法规规定的权限内，对纳税人的减税、免税、退税、延期缴纳的申请予以审批的权利，委托代征权，估税权，代位权与撤销权，阻止欠税纳税人离境的权利，定期对纳税人欠缴税款情况予以公告的权利；上诉权等。

（2）征税主体的义务。征税主体和税务人员在行使职权时，也要承担相应的义务。征税主体的义务主要包括七个方面。①宣传税收法律、行政法规，普及纳税知识，无偿地为纳税人提供纳税咨询服务。②税务机关应该依法为纳税人、扣缴义务人的情况保守秘密，为检举违反税法行为者保密。③税务机关应该加强队伍建设，提高税务人员的政治业务素质。④税务机关、税务人员必须秉公执法、忠于职守、清正廉洁、礼貌待人、文明服务，尊重和保护纳税人、扣缴义务人的权利，依法接受监督。⑤税务人员不得索贿受贿、玩忽职守、不征或者少征应征税款，不得滥用职权多征税款。⑥应该建立、健全内部制约和监督管理制度。上级税务机关应该对下级税务机关的执法活动依法进行监督。各级税务机关应该对其工作人员执行法律、行政法规和廉洁自律准则的情况进行监督检查。⑦税务人员在核定应纳税额、调整税收定额、进行税务检查、实施税务行政处罚、办理税务行政复议时，如果与纳税人、扣缴义务人或者其法定代表人、直接责任人有利害关系的，包括夫妻关系、直系血亲关系、三代以内旁系血亲关系、近姻亲关系、可能影响公正执法的其他利害关系的，应该回避。税务人员在征收税款和查处税收违法案件时，如果与纳税人、扣缴义务人或者税收违法案件有利害关系的，应该回避。

2.纳税主体的权利与义务

在税收法律关系中，纳税主体处于行政管理相对人的地位，除了必须承担纳税义务外，也享有自己相应的法定权利。

（1）纳税主体的权利。纳税主体的权利主要包括八个方面。①知情权。纳税人、扣缴义务人有权向税务机关了解国家税收法律、行政法规的规定，以及与纳税程序有关的情况。②要求保密权。纳税人、扣缴义务人有权要求税务机关为纳税人、扣缴义务人的情况保密。③依法享有申请减税、免税、退税的权利。④延期申报和延期缴纳税款请求权。如果纳税人不能按期办理纳税申报，或有特殊困难不能按期缴纳税款的，有权提出申请，经税务机关核准，可以延期申报和延期缴纳税款。⑤多缴税款申请退还权。纳税人超过应纳税额缴纳的税款，税务机关发现后应该立即退还；纳税人自结算缴纳税款之日起3年内发现的，可以向税务机关要求退还多缴的税款，并加算银行同期存款利息，税务机关查实后应该立即退还；涉及从国库中退库的，依照法律、行政法规有关国库管理的规定退还。⑥陈述权、申辩权。纳税人、扣缴义务人对税务机关做出的决定，享有用一定的方式来表达自己的意见，对自己的行为进行陈述与辩护的权利，如要求听证、申请行政复议和向法院提起诉讼等。⑦承担赔偿责任权。当纳税人、扣缴义务人认为税务机关具体行政行为不当，致使自己的合法利益遭受损失时，有权要求税务机关进行赔偿。⑧其他权利。当税务人员未出示税务检查证和税务检查通知书时，被检查人有权拒绝税务检查。如果税务机关及其工作人员有各种不法行为，纳税人、扣缴义务人可以进行揭露、检举和控告的权利等。

（2）纳税主体的义务。纳税主体的义务主要包括八个方面：①按期办理税务登记，并按规定使用税务登记证件的义务；②按规定设置账簿、保管账簿和有关资料，以及依法开具、使用、取得和保管发票的义务；③按期、如实办理纳税申报的义务；④按期缴纳或解缴税款的义务；⑤按照规定安装、使用税控装置的义务；⑥接受税务检查的义务；⑦代扣、代收税款的义务；⑧其他义务，如遇纳税人有歇业、经营情况变化、遭受各种灾害等特殊情况时，要及时向征税机关说明，财务会计制度和会计核算软件备案的义务等。

第二节　税务管理与税款征收

一、税务管理

税务管理是指税收征收管理机关为了贯彻、执行国家税收法律制度，加强税收工作，协调征税关系而对纳税人和扣缴义务人实施的基础性的管理制度和管理行为。税务管理是税收征收管理的重要内容，是税款征收的前提和基础。税务管理主要包括税务登记管理、账簿和凭证管理、发票管理、纳税申报管理等。

（一）税务登记管理

税务登记，是指纳税人为履行纳税义务就有关纳税事宜依法向税务机关办理登记的一种法定手续，是税务机关对纳税人的开业、变更、注销、外出经营报验、停业复业与生产经营活动进行登记管理的法定程序。税务登记是整个税收征收管理的起点。税务登记的作用在于掌握纳税人的基本情况和税源分布情况。从税务登记开始，纳税人的身份与征纳双方的法律关系即得到确认。

1.税务登记的范围

企业在外地设立的分支机构和从事生产、经营的场所，个体工商户和从事生产、经营的事业单位（以下统称从事生产、经营的纳税人），都应该办理税务登记。

上述规定以外的纳税人，除国家机关、个人和无固定生产经营场所的流动性农村小商贩外（以下统称非从事生产经营但依照规定负有纳税义务的单位和个人），也都应该办理税务登记。

根据税收法律、行政法规的规定负有扣缴税款义务的扣缴义务人（国家机关除外），都应该办理扣缴税款登记。

2.税务登记的内容

根据我国法律、行政法规的规定，我国现行税务登记制度包括设立（开业）税务登记、变更税务登记、注销税务登记、外出经营报验登记与停业、复业登记等。此外，《全国税收征管规范（1.0版）》还增加了自然人登记、社会保险费登记、税源项目登记、登记户日常管理、登记创新处理等新的登记内容。

（1）设立税务登记。设立税务登记，是指纳税人依法成立并在工商行政管理机关登记后，为确认其纳税人的身份、纳入国家税务管理体系而到税务机关进行的登记。现具体分析如下。

第一，设立税务登记的地点。从事生产、经营的纳税人，应该向生产、经营所在地的税务机关办理税务登记。税务机关对纳税人税务登记地点发生争议的，要由其共同的上级税务机关指定管辖。

第二，设立税务登记的时限。①从事生产、经营的纳税人领取工商营业执照（含临时工商营业执照）的，应该自领取工商营业执照之日起30日内申报办理税务登记，税务机关核发税务登记证及其副本（纳税人领取临时工商营业执照的，税务机关核发临时税务登记证及其副本）；②从事生产、经营的纳税人未办理工商营业执照，但是经有关部门批准设立的，应该自有关部门批准设立之日起30日内申报办理税务登记，税务机关核发税务登记证及其副本；③从事生产、经营的纳税人未办理工商营业执照，也未经有关部门批准设立的，应该自纳税义务发生之日起30日内申报办理税务登记，税务机关核发临时税务登记证及其副本；④有独立的生产经营权、在财务上独立核算，并且定期向发包人或者出租人上交承包费或租金的承包承租人，应该自承包承租合同签订之日起30日内，向其承包承租业务发生地税务机关申报办理税务登记，税务机关核发临时税务登记证及其副本，临时税务登记证的期限为承包承租期；⑤从事生产、经营的纳税人外出经营，自其在同一县（市）实际经营或提供劳务之日起，在连续的12个月内累计超过180日的，应该自期满之日起30日内，向生产、经营所在地税务机关申报办理税务登记，税务机关核发临时税务登记证及其副本；⑥境外企业在境内承包建筑、安装、装配、勘探工程和提供劳务的，应该自项目合同或协议签订之日起30日内，向项目所在地税务机关申报办理税务登记，税务机关核发临时税务登记证及其副本，临时税务登记证的期限为合同规定的承包期；⑦非从事生产经营但是依照规定负有纳税义务的单位和个人，应该自纳税义务发生之日起30日内，向纳税义务发生地税务机关申报办理税务登记，税务机关核发税务登记证及其副本。

第三，税务登记资料。纳税人在申报办理税务登记时，应该根据不同情况向税务机关如实提供以下证件和资料：①工商营业执照或其他核准执业证件；②有关合同、章程、协议书；③组织机构统一代码证书；④法定代表人或负责人、业主的居民身份证、护照或者其他合法证件。至于其他需要提供的有关证件、资料，由省、自治区、直辖市税务机关确定。《全国税收征管规范（1.0版）》中将个体工商户申报办理税务登记单独列为个体经营登记，只有个体加油站与已办理组织机构代码证的个体工商户才提供组织机构统一代码证书，其他个体工商户只需提交工商营业执照，或其他核准执业证件和业主的居民身份证、护照，以及其他合法证件。纳税人在申报办理税务登记时，应该如实填写《税务登记表》。

第四，税务登记证发放。纳税人提交的证件和资料齐全，如填写的内容符合《税务登记表》的规定，税务机关应该及时发放税务登记证件。纳税人提交的证件和资料不齐全，或填写的内容与《税务登记表》规定的填写内容不相符合，税务机关应该通知其补正或重新填报。纳税人提交的证件和资料明显有疑点的，税务机关要进行实地调查，核实后予以发放税务登记证件。

（2）变更税务登记。变更税务登记，是指纳税人在办理税务登记后，因登记内容发生变化，需要对原登记内容进行更改，而向主管税务机关申报办理的税务登记。

纳税人已经在工商行政管理机关办理变更登记的，应该自工商行政管理机关变更登记之日起30日内，向原税务登记机关如实提供相关证件、资料，申报办理变更税务登记。这些相关证件为：①工商登记变更表与工商营业执照；②纳税人变更登记内容的有关证明文件；③税务机关发放的原税务登记证件（登记证正、副本和税务登记表等）；④其他有关资料。

纳税人按照规定不需要在工商行政管理机关办理变更登记，或者其变更登记的内容与工商登记内容无关的，应该自税务登记内容实际发生变化之日起30日内，或自有关机关批准或者宣布变更之日起30日内，持相关证件到原税务登记机关申报办理变更税务登记。这些相关证件为：①纳税人变更登记内容的有关证明文件；②税务机关发放的原税务登记证件（登记证正、副本和税务登记表等）；③其他有关资料。

纳税人提交的有关变更登记的证件、资料齐全的，要如实填写《税务登记变更表》，经税务机关审核，符合规定的，税务机关予以受理；反之，不符合规定的，税务机关应该通知其补正。

税务机关应该于受理当日办理变更税务登记。纳税人税务登记表和税务登记证中的内容都发生变更的，税务机关要按照变更后的内容重新核发税务登记证件；纳税人税务登记表的内容发生变更，而税务登记证中的内容未发生变更的，税务机关不重新核发税务登记证件。

（3）停业、复业登记。停业、复业登记，是指实行定期定额征收方式的纳税人，因自身需要暂停经营或者恢复经营，而向主管税务机关申请办理的一种税务登记手续。现具体分析如下。

第一，停业登记。实行定期定额征收方式的个体工商户需要停业的，应该在停业前向税务机关申报办理停业登记。纳税人的停业期限不得超过1年。纳税人在申报办理停业登记时，应该如实填写《停业申请登记表》，说明停业理由、停业期限、停业前的纳税情况和发票的领、用、存情况，并且结清应纳税款、滞纳金、罚款。而税务机关应该收存其税务登记证件及其副本、发票领购簿、未使用完的发票和其他税务证件。纳税人在停业期间发生纳税义务的，应该按照税收法律、行政法规的规定申报缴纳税款。

第二，复业登记。纳税人应该于恢复生产、经营之前，向税务机关申报办理复业登记，如实填写《停、复业报告书》，领回并启用税务登记证件、发票领购簿及其停业前领购的发票。纳税人停业期满不能及时恢复生产经营的，应该在停业期满前向税务机关提出延长停业登记申请，并且如实填写《停、复业报告书》。

（4）外出经营报验登记。外出经营报验登记，是指从事生产经营的纳税人到外县（市）进行临时性的生产经营活动，按规定申报办理的税务登记手续。纳税人到外县（市）临时从事生产经营活动的，应该在外出生产经营以前，持税务登记证向主管税务机关申请开具《外出经营活动税收管理证明》（以下简称《外管证》）。税务机关按照一地一证的原则，核发《外管证》。《外管证》的有效期限一般为30日，最长不得超过180日。在同一地累计超过180日的，应该在营业地办理税务登记手续。纳税人应该在《外管证》注明地进行生产经营前向当地税务机关申请报验登记，并提交如下的相关证件、资料：税务登记证件副本；《外管证》。纳税人在《外管证》注明地销售货物的，除提交以上证件、资料外，还应该如实填写《外出经营货物报验单》，申报查验货物。纳税人外出经营活动结束，应该向经营地税务机关填报《外出经营活动情况申报表》，并结清税款、缴销发票。纳税人应该在《外管证》有效期届满后10日内，持《外管证》回原税务登记地税务机关办理《外管证》缴销手续。

（5）注销税务登记。注销税务登记，是指纳税人由于出现法定情形终止纳税义务时，向原税务机关申请办理的取消税务登记的手续。办理注销税务登记后，该当事人不再受原税务机关的管理。

第一，注销税务登记的原因。纳税人发生以下情形的，向主管税务机关申报办理注销税务登记：①纳税人发生解散、破产、撤销及其他情形，依法终止纳税义务的；②按规定不需要在工商行政管理机关或者其他机关办理注销登记的，但是经有关机关批准或者宣告终止的；③纳税人被工商行政管理机关吊销营业执照，或者被其他机关撤销登记的；④纳税人因住所、经营地点的变动，需要改换主管税务机关的；⑤境外企业在中国境内承包建筑、安装、装配、勘探工程和提供劳务的，项目完工离开中国的。

第二，注销税务登记的时限。纳税人发生解散、破产、撤销及其他情形，依法终止纳税义务的，应该在向工商行政管理机关或者其他机关办理注销登记前，持有关证件和资料向原税务登记机关申报办理注销税务登记。按规定不需要在工商行政管理机关或者其他机关办理注销登记的，应该自有关机关批准或者宣告终止之日起15日内，持有关证件和资料向原税务登记机关申报办理注销税务登记。

纳税人被工商行政管理机关吊销营业执照或者被其他机关予以撤销登记的，应该自营业执照被吊销或者被撤销登记之日起15日内，向原税务登记机关申报办理注销税务登记。

纳税人因经营住所、经营地点发生变动，涉及改换税务登记机关的，应该在工商行政管理机关或者其他机关申请办理变更、注销登记前，或者住所、经营地点变动前，持有关证件和资料，向原税务机关申报办理注销税务登记，并自注销税务登记之日起30日内向迁入地税务机关申报办理税务登记。

境外企业在中国境内承包建筑、安装、装配、勘探工程和提供劳务的，应该在项目完工或离开中国前15日内，持有关证件和资料，向原税务登记机关申报办理注销税务登记。纳税人办理注销税务登记前，应该向税务机关提交相关证明文件和资料，结清应纳税款、多退（免）税款、滞纳金和罚款，缴销发票、税务登记证件和其他税务证件，经税务机关核准后，就可以办理注销税务登记手续。

（6）非正常户处理。已办理税务登记的纳税人未按照规定期限申报纳税，在税务机关责令其限期改正后，逾期不改正的，税务机关应该派员实地核查，查无下落并且无法强制其履行纳税义务的，由检查人员制作非正常户认定书，存入纳税人档案，税务机关暂停其税务登记证件、发票领购簿和发票的使用。

纳税人被列入非正常户超过3个月的，税务机关可以宣布其税务登记证失效，其应纳税款的追征仍然按照《中华人民共和国税收征收管理法》及其实施细则的规定执行。

《全国税收征管规范（1.0版）》规定，税务机关应在非正常户认定的次月，在办税场所或者广播、电视、报纸、期刊、网络等媒体上公告非正常户。对没有欠税且没有未缴销发票的纳税人，认定为非正常户超过两年的，税务机关可以注销其税务登记证件。

（7）扣缴税款登记。根据税收法律、行政法规的规定，负有扣缴税款义务的扣缴义务人（国家机关除外），应该办理扣缴税款登记。已经办理税务登记的扣缴义务人应该自扣缴义务发生之日起30日内，向税务登记地税务机关申报办理扣缴税款登记。税务机关在其税务登记证件上登记扣缴税款事项，不再发给扣缴税款登记证件。根据税收法律、行政法规的规定可以不办理税务登记的扣缴义务人，应该自扣缴义务发生之日起30日内，向机构所在地税务机关申报办理扣缴税款登记。税务机关核发扣缴税款登记证件。

3.税务登记的证件

（1）税务登记证件的内容。税务登记证件包括税务登记证及其副本、临时税务登记证及其副本。扣缴税款登记证件包括扣缴税款登记证及其副本。税务登记证件的主要内容包括纳税人名称、税务登记代码、法定代表人或负责人、生产经营地址、登记类型、核算方式、经营范围（主营、兼营）、发证日期、证件有效期等。

（2）税务登记证件的使用。纳税人应该将税务登记证件正本在其生产、经营或者办公场所公开悬挂，并且接受税务机关检查。

纳税人办理下列事项时，必须提供税务登记证件：开立银行账户，领购发票。

纳税人办理下列税务事项时，应该出示税务登记证件，经税务机关核准相关信息后办理手续：申请减税、免税、退税；申请办理延期申报、延期缴纳税款；申请开具外出经营活动税收管理证明；办理停业、歇业；其他有关税务事项。

从事生产、经营的纳税人应该按照国家有关规定，持税务登记证件，在银行或者其他金融机构开立基本存款账户和其他存款账户，并自开立基本存款账户或者其他存款账户之日起15日内，将其全部账号向主管税务机关报告。如果发生变化，应该自变化之日起15日内，向主管税务机关进行书面报告。

纳税人应该按照国务院税务主管部门的规定使用税务登记证件。税务登记证件不得转借、涂改、损毁、买卖或者伪造。

（3）税务登记证件的管理。税务机关对税务登记证件实行定期验证和换证制度。纳税人应该在规定的期限内持有关证件到主管税务机关办理验证或者换证手续。

纳税人、扣缴义务人遗失税务登记证件的，应该自遗失税务登记证件之日起15日内，书面报告主管税务机关，如实填写《税务登记证件遗失报告表》，并且将纳税人的名称、税务登记证件名称、证件号码、证件有效期、发证机关名称在税务机关认可的报刊上刊登遗失声明，凭借报刊上刊登的遗失声明向主管税务机关申请补办税务登记证件。

税务机关应该加强税务登记证件的管理，采取实地调查、上门验证等方法，或者结合税务部门和工商部门之间，以及国家税务局（分局）、地方税务局（分局）之间的信息交换比对，对税务登记证件进行管理。

国家税务局（分局）、地方税务局（分局）需要定期相互通报税务登记情况，相互及时提供纳税人的登记信息，以加强税务登记的管理。

4.税务登记的机关

县以上（含本级，下同）国家税务局（分局）、地方税务局（分局）是税务登记的主管税务机关，负责税务登记的设立登记、变更登记、注销登记和税务登记证验证、换证与非正常户处理、报验登记等有关事项。

国家税务局（分局）、地方税务局（分局）按照国务院规定的税收征收管理范围，实施属地管理，采取联合登记或分别登记的方式办理税务登记。在有条件的城市，国家税务局（分局）、地方税务局（分局）可以按照“各区分散受理、全市集中处理”的原则办理税务登记。国家税务局（分局）、地方税务局（分局）联合办理税务登记的，应该对同一纳税人发放同一份加盖国家税务局（分局）、地方税务局（分局）印章的税务登记证。国家税务局（分局）、地方税务局（分局）之间对纳税人税务登记的主管机关发生争议的，应该由其上一级国家税务局、地方税务局共同协商解决。

国家税务局（分局）、地方税务局（分局）施行统一的纳税人识别号。纳税人识别号由省、自治区、直辖市、计划单列市国家税务局、地方税务局按照纳税人识别号代码行业标准联合编制，统一下发各地执行。已经领取组织机构代码的纳税人，其纳税人识别号为15位，由纳税人登记所在地6位行政区划码和9位组织机构代码组成。以业主身份证件为有效身份证明的组织，即未取得组织机构代码证书的个体工商户与持回乡证、通行证、护照办理税务登记的纳税人，其纳税人识别号由身份证件号码和二位顺序码组成。纳税人识别号具有唯一性。

各级工商行政管理机关应该向同级国家税务局和地方税务局定期通报办理开业、变更、注销登记与吊销营业执照的情况。

（二）账簿与凭证管理

账簿与凭证是纳税人进行生产经营活动和核算财务收支的重要依据，也是税务机关对纳税人进行征税、管理、核查的重要依据。纳税人所使用的凭证、登记的账簿、编制的报表及其所反映的内容是否真实可靠，直接关系到计征税款依据的真实性，从而影响应纳税款及时足额入库。账簿、凭证管理是税收管理的基础性工作。而加强账簿、凭证管理目的在于促使纳税人如实反映生产、经营情况，以保证国家税收的正确计征。

1.账簿设置管理

纳税人、扣缴义务人应该按照有关法律、行政法规和国务院财政、税务主管部门的规定设置账簿，根据合法、有效的凭证记账，进行会计核算。

（1）从事生产、经营的纳税人应该自领取营业执照或者发生纳税义务之日起15日内，按照国家有关规定设置账簿。

（2）生产经营规模小又没有建账能力的纳税人，可以聘请经批准从事会计代理记账业务的专业机构或者经税务机关认可的财会人员代为建账和办理账务。聘请上述机构或者人员有实际困难的，经县以上税务机关批准，可以按照税务机关的规定，建立收支凭证粘贴簿、进货销货登记簿或者使用税控装置。

（3）扣缴义务人应该自税收法律、行政法规规定的扣缴义务发生之日起10日内，按照所缴代扣、代收的税种，分别设置代扣代缴、代收代缴税款账簿。

纳税人、扣缴义务人会计制度健全，能够通过计算机正确、完整计算其收入和所得或者代扣代缴、代收代缴税款情况的，其计算机输出的完整的书面会计记录，可视同为会计账簿。

纳税人、扣缴义务人会计制度不健全，不能通过计算机正确、完整计算其收入和所得或者代扣代缴、代收代缴税款情况的，应该建立总账、纳税或者代扣代缴、代收代缴税款有关的其他账簿。

2.财务会计制度及处理办法管理

纳税人的财务会计制度及其处理办法，是其进行会计核算的依据，直接关系到计税依据的真实合理性。

（1）纳税人使用计算机记账的，应该在使用前将会计电算化系统的会计核算软件、使用说明书与有关资料报送主管税务机关备案。纳税人建立的会计电算化系统应该符合国家有关规定，并能正确而完整地核算其收入，或者所得。

（2）纳税人、扣缴义务人的财务会计制度或者财务会计处理办法，若与国务院或者国务院财政、税务主管部门的税收规定相抵触的，则需要依照国务院或者国务院财政、税务主管部门有关税收的规定计算应纳税款、代扣代缴和代收代缴税款。

（3）账簿、会计凭证和报表，应该使用中文。民族自治地区可以在使用中文的同时，使用当地通用的民族文字。外商投资企业和外国企业可以在使用中文的同时，使用一种外国文字。

3.涉税资料保存与管理

从事生产、经营的纳税人、扣缴义务人必须按照国务院财政、税务主管部门规定的保管期限保管账簿、记账凭证、完税凭证及其他有关资料。账簿、记账凭证、报表、完税凭证、发票、出口凭证及其他有关涉税资料应该保存10年，但是法律、行政法规另有规定的除外。与此同时，不得伪造、变造或者擅自损毁账簿、记账凭证、完税凭证及其他有关资料。

（三）发票管理

1.发票的式样

发票，是指在购销商品、提供或者接受服务及从事其他经营活动中，开具、收取的收付款凭证，它是确定经济收支行为发生的法定凭证，是会计核算的原始依据。国家税务总局统一负责全国的发票管理工作，省、自治区、直辖市国家税务局和地方税务局依据各自的职责，共同做好本行政区域内的发票管理工作。财政、审计、工商、公安等有关部门在各自职责范围内，要配合税务机关做好发票管理工作。

在全国范围内统一式样的发票，是由国家税务总局确定的。在省、自治区、直辖市范围内统一式样的发票，是由省、自治区、直辖市国家税务局和地方税务局确定的。所谓发票的式样包括发票所属的种类、各联用途、具体内容、版面排列、规格、使用范围等。

2.发票的规定

发票的种类、联次、内容及使用范围由国家税务总局规定。现具体分析如下。

（1）发票的种类。发票的种类通常按照行业特点和纳税人的生产经营项目划分为普通发票、增值税专用发票和专业发票三种。

第一，普通发票是最常见的一种发票，它的适用面最广，各种经济类型的纳税人都可以使用。营业税纳税人和增值税纳税人都可使用普通发票。

第二，增值税专用发票是专供增值税一般纳税人销售货物或提供应税劳务时使用的一种特殊发票。增值税专用发票除了具有普通发票的基本特征之外，还具有抵扣增值税税款的功能。它不仅是经济活动的重要商事凭证，而且是记录销售方纳税义务和购货方进项税额的合法证明，对增值税的计算与管理具有决定性的作用。

第三，专业发票是指由国有金融、邮电、铁路、民用航空、公路和水上运输等单位开具的专业性很强的发票。专业发票主要包括国有金融、保险企业的存贷、汇兑、转账凭证、保险凭证；国有邮政、电信企业的邮票、邮单、话务、电报收据；国有铁路、民用航空企业和交通部门国有公路、水上运输企业的客票、货票等。

（2）发票的联次与内容。发票的基本联次包括存根联、发票联和记账联。存根联由收款方或开票方留存备查；发票联由付款方或受票方作为付款原始凭证；记账联由收款方或开票方作为记账原始凭证。通常，省以上税务机关可以根据发票管理情况与纳税人经营业务需求，增减除发票联以外的其他联次，并确定其用途。

发票的基本内容包括发票的名称、发票代码和号码、联次及用途、客户名称、开户银行及账号、商品名称或经营项目、计量单位、数量、单价、金额、开票人、开票日期、开票单位名称等。

3.发票印制

增值税专用发票由国家税务总局确定的企业印制，其他发票则按照国家税务总局的规定，由省、自治区、直辖市税务机关指定的企业印制，禁止私自印制、伪造、变造发票。通常，印制发票的企业应该具备下列条件。

（1）取得印刷经营许可证和营业执照。

（2）设备、技术水平能够满足印制发票的需求。

（3）有健全的财务制度和严格的质量监督、安全管理、保密制度。

印制发票应该使用国家税务总局规定的全国统一的发票防伪专用品，禁止非法制造发票防伪专用品。

发票应该套印全国统一发票监制章。全国统一发票监制章的式样和发票版面印刷的要求，由国家税务总局规定。发票监制章由省、自治区、直辖市税务机关制作，禁止伪造发票监制章。发票实行不定期换版制度。禁止在境外印制发票。

4.发票领购

需要领购发票的单位和个人，应该持税务登记证件、经办人身份证明、按照国家税务总局规定式样制作的财务印章或发票专用章的印模，向主管税务机关办理发票领购手续。主管税务机关根据领购单位和个人的经营范围和规模，确认其领购发票的种类、数量及领购方式，并且在5个工作日内发给发票领购簿。

单位和个人领购发票时，应该按照税务机关的规定报告发票使用情况，税务机关应该按照规定进行查验。

需要临时领购发票的单位和个人，可以凭购销商品、提供或者接受服务与从事其他经营活动的书面证明、经办人身份证明，直接向经营地税务机关申请代开发票。依照税收法律、行政法规规定应该缴纳税款的，税务机关应该先征收税款，再开具发票。税务机关根据发票管理的需要，可以按照国家税务总局的规定委托其他单位代开发票，但是禁止非法代开发票。

税务机关对外省、自治区、直辖市来本辖区从事临时申请领购发票的经营活动的单位和个人，可以要求其提供保证人或者根据所领购发票的票面限额与数量交纳不超过1万元的保证金，并限期缴销发票。

对于按期缴销发票的，解除保证人的担保义务或者退还保证金；对未按期缴销发票的，由保证人或者以保证金承担法律责任。税务机关收取保证金时，应该开具资金往来结算票据。

5.发票的开具与保管

销售商品、提供服务与从事其他经营活动的单位和个人，对外发生经营业务收取款项，收款方应该向付款方开具发票；特殊情况下，由付款方向收款方开具发票。

所有单位和从事生产、经营活动的个人在购买商品、接受服务与从事其他经营活动支付款项时，都应该向收款方取得发票。领取发票时，不得要求变更品名和金额。对于不符合规定的发票，不得作为财务报销凭证，任何单位和个人有权拒收。

开具发票应该按照规定的时限、顺序、栏目，全部联次一次性如实开具，并且加盖发票专用章。安装税控装置的单位和个人，应该按照规定使用税控装置开具发票，并且按期向主管税务机关报送开具发票的数据。使用非税控电子器具开具发票的，应该将非税控电子器具使用的软件程序说明资料报主管税务机关备案，并按照规定保存、报送开具发票的数据。

开具发票的单位和个人应该建立发票使用登记制度，设置发票登记簿，并且定期向主管税务机关报告发票使用情况。开具发票的单位和个人应该在办理变更或者注销税务登记的同时，办理发票和发票领购簿的变更、缴销手续。

开具发票的单位和个人应该按照税务机关的规定存放和保管发票，不得擅自损毁发票。对已经开具的发票存根联和发票登记簿，应该保存5年的时间。保存期满后，需要报经税务机关查验后销毁。如果丢失发票，应该于丢失当日书面报告主管税务机关，并且在报刊和电视等传播媒介上公告声明作废。

6.发票检查

根据《发票管理办法》及其实施细则的规定，税务机关在发票管理中有权进行下列检查：

（1）检查印制、领购、开具、取得、保管和缴销发票的情况。

（2）调出查验发票。

（3）查阅、复制与发票有关的凭证、资料。

（4）向当事各方询问与发票有关的问题和情况。

（5）在查处发票案件时，对与案件有关的情况和资料，可以记录、录音、录像、照相和复制。

印制、使用发票的单位和个人，必须接受税务机关的检查，如实反映情况，提供有关资料，不得拒绝、隐瞒。税务人员进行检查时，应该出示税务检查证。

税务机关需要将已经开具的发票调出查验时，应该向被查验的单位和个人开具《发票换票证》。《发票换票证》与所调出查验的发票有同等的效力，被调出查验发票的单位和个人不得拒绝接受。《发票换票证》仅限于在本县（市）范围内使用。当需要调出外县（市）的发票查验时，要与该县（市）税务机关联系，使用当地的发票换票证。

税务机关需要将空白发票调出查验时，应该开具收据；经查无问题的，应该及时发还。

单位和个人从中国境外取得的与纳税有关的发票或者凭证，税务机关在纳税审查时有疑义的，可以要求其提供境外公证机构或者注册会计师的确认证明，经税务机关审核认可后，方可作为记账核算的凭证使用。

税务机关在检查发票，特别是需要核对发票存根联与发票联填写情况时，可以向持有发票或者发票存根联的单位发出“发票填写情况核对卡”，有关单位应该如实填写，按期报回。收存发票或保管发票存根联的单位，所接到税务机关“发票填写情况核对卡”的式样，由国家税务总局确定。

7.违反发票管理行为及其处罚

纳税人应该按照发票管理的有关规定，切实履行有关义务。《发票管理办法》及其实施细则详细列举了违反发票管理规定的行为。这些行为主要包括未按规定印制发票、生产发票防伪专用品的行为等。

（1）未按规定印制发票、生产发票防伪专用品的行为，包括未经省级税务机关指定的企业私自印制发票；未经国家税务总局指定的企业私自生产发票防伪专用品、私自印制增值税专用发票；伪造、私刻发票监制章，伪造、私造发票防伪专用品；印制发票的企业未按“发票印制通知书”印制发票，生产发票防伪专用品的企业未按“发票防伪专用品生产通知书”生产防伪专用品；转借、转让发票监制章和发票防伪专用品；印制发票和生产发票防伪专用品的企业未按规定销毁废（次）品而造成流失；用票单位私自印制发票；未按税务机关的规定与制定印制发票和生产发票防伪专用品管理制度；其他未按规定印制发票和生产发票防伪专用品的行为。

（2）未按规定领购发票的行为，包括向税务机关以外的单位和个人领购发票；私售、倒买倒卖发票；贩运、窝藏假发票；向他人提供发票或者借用他人发票；盗取（用）发票；其他未按规定领购发票的行为。

（3）未按规定开具发票的行为，包括应开具而未开具发票；单联填开或上、下联金额，增值税销项税额等内容不一致；填写项目不齐全；涂改发票；转借、转让、代开发票；未经批准拆本使用发票；虚构经营业务活动，虚开发票；开具票物不符发票；开具作废发票；未经批准，跨规定的使用区域开具发票；以其他单据或白条代替发票开具；扩大专业发票或增值税专用发票开具的范围；未按规定报告发票的使用情况；未按规定设置发票登记簿；其他未按规定开具发票的行为。

（4）未按规定取得发票的行为，包括应领取而未领取发票；领取不符合规定的发票；领取发票时，要求开票方或自行变更品名、金额或增值税税额；自行填开发票入账；其他未按规定领取发票的行为。

（5）未按规定保管发票的行为，包括丢失发票；损（撕）毁发票；丢失或擅自销毁发票存根联与发票登记簿；未按规定缴销发票；印制发票的企业和生产发票防伪专用品的企业丢失发票或发票监制章以及发票防伪专用品等；未按规定建立发票保管制度；其他未按规定保管发票的行为。

（6）未按规定接受税务机关检查的行为，包括拒绝检查；隐瞒真实情况；刁难、阻挠税务人员进行检查；拒绝接受《发票换票证》；拒绝提供有关资料；拒绝提供境外公证机构或者注册会计师的确认证明；拒绝接受有关发票问题的询问；其他未按规定接受税务机关检查的行为。

对有上述所列行为之一的单位和个人，税务机关应该其责令限期改正，没收非法所得，可以并处1万元以下的罚款。有上述所列两类或两类以上行为的，可以分别处罚。

对非法携带、邮寄、运输或者存放空白发票的，包括经税务机关监制的空白发票和伪造的假空白发票，由税务机关收缴发票，没收非法所得，可以并处1万元以下罚款。

对私自印制、伪造变造、倒买倒卖发票（包括发票防伪专用品和假发票），私自制作发票监制章、发票防伪专用品的，税务机关可以进行查封、扣押或者销毁，没收非法所得和作案工具，可以并处1万元以上5万元以下的罚款。而对于构成犯罪的，则需要依法追究刑事责任。

违反发票管理规定，导致其他单位或者个人未缴、少缴或者骗取税款的，由税务机关没收非法所得，可以并处未缴、少缴或者骗取的税款1倍以下的罚款。

上述所谓没收非法所得，是指没收因伪造和非法印制、生产、买卖、转让、代开、不如实开具与非法携带、邮寄、运输或者存放发票、发票监制章，或者发票防伪专用品和其他违反规定的行为所获取的收入。

税务机关在对违反发票管理法规的行为进行处罚时，要将处理决定书面通知当事人；对违反发票管理法规的案件，要立案查处。对违反发票管理法规的行政处罚，由县以上税务机关决定；罚款或没收非法所得款在1000元以下的，可由税务所自行决定处罚。

（四）纳税申报管理

纳税申报，是指纳税人按照税法规定，定期就计算缴纳税款的有关事项向税务机关提交书面报告的法定手续。纳税申报是纳税人履行纳税义务、界定法律责任的主要依据。

纳税人必须按照法律、行政法规规定或者税务机关依照法律、行政法规规定确定的申报期限、申报内容如实办理纳税申报，报送纳税申报表、财务会计报表与税务机关根据实际需要要求纳税人报送的其他纳税资料。

扣缴义务人必须依照法律、行政法规规定或者税务机关依照法律、行政法规规定确定的申报期限、申报内容如实报送代扣代缴、代收代缴税款报告表与税务机关根据实际需要要求扣缴义务人报送的其他有关资料。

1.纳税申报要求

（1）纳税人在纳税期内没有应纳税款的，也应该按照规定办理纳税申报。

（2）纳税人享受减税、免税待遇的，在减税、免税期间应该按照规定办理纳税申报。

（3）纳税人、扣缴义务人按照规定的期限办理纳税申报或者报送代扣代缴、代收代缴税款报告表确有困难，需要延期的，应该在规定的期限内向税务机关提出书面延期申请，经税务机关核准后，要在核准的期限内办理。

（4）纳税人、扣缴义务人因不可抗力，不能按期办理纳税申报或者报送代扣代缴、代收代缴税款报告表的，可以延期办理。不过，应该在不可抗力情形消除后立即向税务机关报告。税务机关应该在查明事实后，予以核准。

（5）经核准延期办理纳税申报、报送事项的，应该在纳税期内按照上期实际缴纳的税额，或者税务机关核定的税额预缴税款，并在核准的延期内办理税款结算。

2.纳税申报方式

纳税申报方式，是指纳税人和扣缴义务人在纳税申报期限内，依照规定到指定税务机关进行纳税申报的形式。通常，纳税申报的方式主要有以下四种。

（1）自行申报。自行申报，也称直接申报，是指纳税人、扣缴义务人按照规定的期限自行到主管税务机关（报税大厅）办理纳税申报手续。这是一种传统的纳税申报方式。

（2）邮寄申报。邮寄申报，是指经税务机关批准，纳税人、扣缴义务人使用统一的纳税申报专用信封，通过邮政部门办理交寄手续，并且以邮政部门收据作为申报凭据的方式。邮寄申报以寄出的邮件日期作为实际的申报日期。

（3）数据电文方式。数据电文方式，是指以税务机关确定的电话语音、电子数据交换和网络传输等电子方式进行纳税申报。这种方式运用了新的电子信息技术，代表着纳税申报方式的发展方向，而且使用范围在逐渐扩大。纳税人、扣缴义务人采取数据电文方式办理纳税申报的，其申报日期以税务机关计算机网络系统收到该数据电文的时间为准，与数据电文相对应的纸质申报资料的报送期限则由税务机关确定。

（4）其他方式。实行定期定额缴纳税款的纳税人可以实行简易申报、简并征期等方式申报纳税。

2.纳税申报内容

纳税人、扣缴义务人的纳税申报或者代扣代缴、代收代缴税款报告表的主要内容包括税种、税目，应纳税项目或者应代扣代缴、代收代缴税款项目，计税依据，扣除项目与标准，适用税率或者单位税额，应退税项目与税额，应减免税项目与税额，应纳税额或者应代扣代缴、代收代缴税额，税款所属期限，延期缴纳税款，欠税，滞纳金等。

纳税人办理纳税申报时，应该如实填写纳税申报表，并且根据不同的情况报送如下相关证件、资料。

（1）财务会计报表与说明材料。

（2）与纳税有关的合同、协议书及凭证。

（3）税控装置的电子报税资料。

（4）外出经营活动税收管理证明和异地完税凭证。

（5）境内或者境外公证机构出具的有关证明文件。

（6）税务机关规定应该报送的其他相关证件、资料。

二、税款征收

税款征收是税务机关依照税收法律与相关法规以及规定，将纳税人应该缴纳的税款组织入库的一系列活动的总称。它是税收征收管理工作的中心环节，是全部税收征管工作的目的和归宿。

（一）税款征收方式

税款征收方式，是指税务机关根据各税种的不同特点和纳税人的具体情况而确定的计算、征收税款的形式和方法。税款征收的方式主要包括确定方式和缴纳方式。

1.确定方式

（1）查账征收。查账征收，是指税务机关对财务健全的纳税人，依据其报送的纳税申报表、财务会计报表和其他有关纳税资料，依照适用税率计算应纳税款的征收方式。这种征收方式较为规范，符合课税法定的基本原则，适用于财务会计制度健全、能够如实核算和提供生产经营情况、正确计算应纳税款、如实履行纳税义务的纳税人。

（2）查定征收。查定征收，是指对账务制度不健全，但是能控制其材料、产量或进销货物的纳税单位或个人，依据正常条件下的生产能力，由税务机关对其生产的应税产品查定产量、销售额并据以征收税款的征收方式。这种征收方式适用于生产经营规模较小、产品零星、税源分散、会计账册不健全，但是却能控制原材料或进销货的小型厂矿和作坊。

（3）查验征收。查验征收，是指税务机关对纳税人的应税商品、产品，通过查验数量，按市场一般销售单价计算其销售收入，并据以计算应纳税款的一种征收方式。这种征收方式适用于纳税人财务制度不健全、生产经营不固定、零星分散、流动性大的税源。

（4）定期定额征收。定期定额征收，是指对小型个体工商户在一定经营地点、一定经营时期、一定经营范围内的应纳税经营额（包括经营数量）或对所得额进行核定，并以此为计税依据，确定其应纳税额的一种征收方式。这种征收方式适用于经主管税务机关认定和县以上税务机关（含县级）批准的生产、经营规模小，达不到《个体工商户建账管理暂行办法》规定的设置账簿标准，难以查账征收，不能准确计算计税依据的个体工商户（包括个人独资企业），简称定期定额户。

2.缴纳方式

（1）纳税人直接向国库经收处缴纳。在申报前，纳税人可以先向税务机关领取税票，自行填写，再到国库经收处缴纳税款，以国库经收处的回执联和纳税申报等资料，向税务机关申报纳税。这种缴纳方式，适用于在设有国库经收处的银行和其他金融机构开设账户，并且向税务机关申报的纳税人。

（2）税务机关自收税款并办理入库手续。这是由税务机关直接收取税款并办理入库手续的缴纳方式。适用于由税务机关代开发票的纳税人缴纳的税款；临时发生纳税义务，需要向税务机关直接缴纳的税款；税务机关采取强制执行措施，以拍卖所得或变卖所得而缴纳的税款。

（3）代扣代缴。代扣代缴是指按照税法规定，负有扣缴税款义务的单位和个人，负责对纳税人应纳的税款进行代扣代缴的一种方式。即由支付人在向纳税人支付款项时，从所支付的款项中依法直接扣收税款代为缴纳。其目的是对零星分散、不易控制的税源实行源头上的控制。

（4）代收代缴。代收代缴是指按照税法规定，负有收缴税款义务的单位和个人，负责对纳税人应纳的税款进行代收代缴的一种方式。即由与纳税人有经济业务往来的单位和个人在向纳税人支付款项时，依法收取税款。这种方式一般适用于税收网络覆盖不到或很难控制的领域，如受托加工应征消费税的消费品、由受托方代收代缴的消费税。

（5）委托代征。委托代征是指受委托的有关单位按照税务机关核发的代征证书的要求，以税务机关的名义向纳税人征收零散税款的一种征收方式。这种方式有利于控制税源，方便征纳双方，从而降低征收的成本。

（二）税款征收措施

在税款征收时，为了保证税款征收的顺利进行，《中华人民共和国税收征收管理法》赋予了税务机关可以根据不同情况，而采取相应措施的权力。

1.核定、调整应纳税额措施

（1）核定应纳税额的情形。根据《中华人民共和国税收征收管理法》的规定，纳税人有下列情形之一的，税务机关有权核定其应纳税额：①依照法律、行政法规的规定可以不设置账簿的；②依照法律、行政法规的规定应该设置但是却未设置账簿的；③擅自销毁账簿或者拒不提供纳税资料的；④虽设置账簿，但账目混乱或者成本资料、收入凭证、费用凭证残缺不全，难以查账的；⑤发生纳税义务，未按照规定的期限办理纳税申报，经税务机关责令限期申报，逾期仍不申报的；⑥纳税人申报的计税依据明显偏低，却又无正当理由的；⑦未按照规定办理税务登记的从事生产、经营的纳税人与临时经营的纳税人。

（2）核定应纳税额的方法。为了减少核定应纳税额的随意性，使核定的税额更接近纳税人的实际情况和法定的负担水平，税务机关有权采用下列方法来核定应纳税额：①参照当地同类行业或者类似行业中经营规模，以及收入水平相近的纳税人的税负水平核定；②按照营业收入或者成本加合理的费用与利润的方法核定；③按照耗用的原材料、燃料、动力等推算或者测算核定；④按照其他合理方法核定。当其中一种方法不能够正确核定应纳税额时，可以同时采用两种或两种以上的方法进行核定。纳税人对税务机关采取上述方法核定的应纳税额有异议的，应该提供相关证据，经税务机关认定后，调整应纳税额。

（3）关联企业纳税调整。纳税人与关联企业业务往来时，应该按照独立企业之间的业务往来收取或者支付价款、费用；不可以按照独立企业之间的业务往来收取或者支付价款、费用，而减少其应纳税的收入或者所得额的，税务机关有权进行合理调整。所谓独立企业之间的业务往来，是指没有关联关系的企业之间按照公平成交价格和营业常规所进行的业务往来。纳税人可以向主管税务机关提出与其关联企业之间业务往来的定价原则和计算方法，主管税务机关审核、批准后，与纳税人预先约定有关定价事项，监督纳税人去执行。

关联企业是指有下列关系之一的公司、企业和其他经济组织：①在资金、经营、购销等方面，存在直接或者间接的拥有或者控制关系；②直接或者间接地同为第三者所拥有或者控制；③在利益上具有相关联的其他关系。

2.责令限期缴纳措施

纳税人未按照规定期限缴纳税款的，扣缴义务人未按照规定期限缴纳税款的，税务机关可责令限期缴纳，并从滞纳税款之日起，按日加收滞纳税款万分之五的滞纳金。

对未按照规定办理税务登记的从事生产、经营的纳税人，以及临时从事经营的纳税人，由税务机关核定其应纳税额，责令缴纳；对于不缴纳的，税务机关可以扣押其价值相当于应纳税款的商品、货物。扣押后缴纳应纳税款的，税务机关必须立即解除扣押，并归还所扣押的商品、货物；扣押后仍不缴纳应纳税款的，经县以上税务局（分局）局长批准，依法拍卖或者变卖所扣押的商品、货物，以拍卖或者变卖所得抵缴税款。

加收滞纳金的起止时间，为法律、行政法规规定或者税务机关依照法律、行政法规规定所确定的税款缴纳期限届满次日起至纳税人、扣缴义务人实际缴纳或者解缴税款之日止。

3.提供纳税担保措施

纳税担保，是指经税务机关同意或确认，纳税人或其他自然人、法人、经济组织以保证、抵押、质押的方式，为纳税人应该缴纳的税款及滞纳金提供担保的行为。包括经税务机关认可的有纳税担保能力的保证人为纳税人提供的纳税保证，以及纳税人或者第三人以其未设置或者未全部设置担保物权的财产提供的担保。

（1）适用纳税担保的情形。这些情形为：①税务机关有根据认为从事生产、经营的纳税人有逃避纳税义务行为的，在规定的纳税期之前经责令其限期缴纳应纳税款，在限期内发现纳税人有明显的转移、隐匿其应纳税的商品、货物及其他财产或者应纳税收入的迹象，责成纳税人提供纳税担保的；②欠缴税款、滞纳金的纳税人或者其法定代表人需要出境的；③纳税人同税务机关在纳税上发生争议而未缴清税款，需要申请行政复议的；④税收法律、行政法规规定可以提供纳税担保的其他情形。

（2）纳税担保的范围。纳税担保的范围包括税款、滞纳金和实现税款、滞纳金的费用。费用包括抵押、质押登记费用，质押保管费用，以及保管、拍卖、变卖担保财产等相关费用支出。用于纳税担保的财产、权利的价值不得低于应该缴纳的税款、滞纳金，并考虑相关的费用。纳税担保的财产价值不足以抵缴税款、滞纳金的，税务机关应该向提供担保的纳税人或纳税担保人继续追缴。用于纳税担保的财产、权利的价格估算，除法律、行政法规另有规定外，可以参照同类商品的市场价、出厂价或者评估价估算。

（3）纳税担保的具体方式。

第一，纳税保证。纳税保证是指纳税保证人向税务机关保证，当纳税人未按照税收法律、行政法规规定或者税务机关确定的期限缴清税款、滞纳金时，由纳税保证人按照约定履行缴纳税款及滞纳金的行为。税务机关认可的，保证成立；税务机关不认可的，保证不成立。纳税保证为连带责任保证，纳税人和纳税保证人对所担保的税款与滞纳金承担连带责任。纳税保证人，是指在中国境内具有纳税担保能力的自然人、法人或者其他经济组织。法人或其他经济组织财务报表资产净值超过需要担保的税额及滞纳金两倍以上的，自然人、法人或其他经济组织所拥有或者依法可以处分未设置担保财产的价值超过需要担保税额及滞纳金的，可以视为具有纳税担保能力。

第二，纳税抵押。纳税抵押是指纳税人或纳税担保人不转移对所抵押财产的占有，将该财产作为税款及滞纳金的担保。纳税人逾期未缴清税款与滞纳金的，税务机关有权依法处置该财产，以抵缴税款与滞纳金。提供担保的财产为抵押物，提供抵押物的纳税人或者纳税担保人为抵押人，税务机关为抵押权人。

抵押期间，经税务机关同意，纳税人可以转让已经办理登记的抵押物，并告知受让人转让物已经抵押的情况。纳税人转让抵押物所得的价款，应该向税务机关提前缴纳所担保的税款、滞纳金。超过部分，归纳税人所有，不足部分由纳税人缴纳或者提供相应的担保。在抵押物灭失、毁损或者被征用的情况下，抵押权所担保的纳税义务履行期未满的，税务机关可以要求将保证金、赔偿金或补偿金等作为担保财产。纳税人在规定的期限内未缴清税款、滞纳金的，税务机关应该依法拍卖、变卖抵押物，变价抵缴税款、滞纳金。纳税担保人以其财产为纳税人提供纳税抵押担保的，纳税人在规定的期限届满未缴清税款、滞纳金的，税务机关应该在期限届满之日起15日内书面通知纳税担保人，通知其自收到纳税通知书之日起15日内缴纳担保的税款、滞纳金。纳税担保人未按照上述规定期限缴纳所担保的税款、滞纳金的，由税务机关责令限期在15日内缴纳；逾期仍未缴纳的，由县以上税务局（分局）局长批准，税务机关可以依法拍卖、变卖抵押物，以抵缴税款、滞纳金。

第三，纳税质押。纳税质押是指经税务机关同意，纳税人或纳税担保人将其动产或权利凭证移交税务机关占有，将该动产或者权利凭证作为税款及滞纳金的担保。纳税人逾期依然未缴清税款、滞纳金的，税务机关有权依法处置该动产或权利凭证，以抵缴税款及滞纳金。纳税质押包括动产质押和权利质押。动产质押包括现金及其他除不动产以外的财产提供的质押。汇票、支票、本票、债券、存款单等权利凭证可以作为质押。对于实际价值波动很大的动产或权利凭证，由设区的市、自治州以上税务机关确认，税务机关可以不接受其作为纳税质押。

以汇票、支票、本票、公司债券出质的，税务机关应该在纳税人（或纳税担保人）背书清单上记载“质押”字样。以存款单出质的，应该由签发的金融机构核押。以载明兑现或者提货日期的汇票、支票、本票、债券、存款单出质的，汇票、支票、本票、债券、存款单兑现的日期先于纳税义务履行期或者担保期的，税务机关与纳税人约定将兑现的价款用于缴纳或者抵缴所担保的税款及滞纳金。纳税人在规定的期限内缴清税款与滞纳金的，税务机关应该自纳税人缴清税款与滞纳金之日起3个工作日内返还质物，解除质押关系。纳税人在规定的期限内未缴清税款及滞纳金的，税务机关应该依法拍卖、变卖质物，抵缴税款、滞纳金。

纳税担保人以其动产或财产权利为纳税人提供纳税质押担保的，纳税人在规定的期限内缴清税款与滞纳金的，税务机关应该在3个工作日内将质物返还给纳税担保人，解除质押关系。纳税人在规定的期限内未缴清税款、滞纳金的，税务机关应该在期限届满之日起15日内书面通知纳税担保人，纳税担保人自收到纳税通知书之日起15日内缴纳担保的税款、滞纳金。纳税担保人未按照前述规定的期限缴纳所担保的税款、滞纳金的，由税务机关责令限期在15日内缴纳；缴清税款、滞纳金的，税务机关自纳税担保人缴清税款与滞纳金之日起3个工作日内返还质物，解除质押关系；逾期仍未缴纳的，经由县以上税务局（分局）局长批准，税务机关依法拍卖、变卖质物，以抵缴税款、滞纳金。

4.采用税收保全措施

（1）适用税收保全的情形与措施。税务机关责令具有税法规定情形的纳税人提供纳税担保，而纳税人拒绝提供纳税担保或无力提供纳税担保的，经由县以上税务局（分局）局长批准，税务机关可以采取以下这些税收保全措施：①书面通知纳税人开户银行或者其他金融机构冻结纳税人相当于应纳税款金额的存款；②扣押、查封纳税人的价值相当于应纳税款的商品、货物或者其他财产。在这里，其他财产是指纳税人房地产、现金、有价证券等不动产和动产。

（2）不适用税收保全的财产。纳税人与其所抚养家属用来维持生活必需的住房和用品，不在税收保全措施的范围之内。个人所抚养家属，是指与纳税人共同居住与生活的配偶、直系亲属，以及无生活来源但是却由纳税人抚养的其他亲属。通常，纳税人个人及其所抚养家属用来维持生活必需的住房和用品，不包括机动车辆、金银饰品、古玩字画、豪华住宅或者一处以外的住房。

（3）税收保全的执行与后果。税务机关执行扣押、查封商品、货物或者其他财产时，应该由两名以上税务人员执行，并通知被执行人。如果被执行人是自然人，应该通知被执行人本人或者其成年家属到场；如果被执行人是法人或者其他组织的，应该通知其法定代表人或者主要负责人到场；被执行人拒不到场的，不影响执行。

税务机关实施扣押、查封时，对有产权证件的动产或者不动产，税务机关可以责令当事人将产权证件交税务机关保管。与此同时，可以向有关机关发出协助执行通知书。而有关机关在扣押、查封期间，不再办理该动产或者不动产的过户手续。对查封的商品、货物或者其他财产，税务机关可以指令被执行人负责保管，保管责任由被执行人承担。对如果继续使用，并不会减少其价值的被查封财产，税务机关可以允许被执行人继续使用，因被执行人保管或者使用而造成的损失，则由被执行人承担。

纳税人在税务机关采取税收保全措施后，按照税务机关规定的期限缴纳税款的，税务机关应该自收到税款或者银行转回的完税凭证之日起1日内解除税收保全措施。

纳税人在限期内已经缴纳税款，税务机关未立即解除税收保全措施，或因税务机关滥用职权违法采取税收保全措施，以及采取税收保全措施不当，使纳税人的合法利益遭受损失的，税务机关应该承担赔偿责任。

税务机关对从事生产、经营的纳税人在纳税期的纳税情况，依法进行检查时会采取扣押查封措施，而在税收保全期内，如果已经采取税收保全措施的财物可以依法处理，就用《税务事项通知书》书面通知纳税人，以让其及时协助处理。纳税人未按规定期限协助处理的，则需要进行拍卖变卖，而拍卖、变卖的所得由税务机关保存价款，继续实施税收保全措施。

税务机关在查处重大税收违法案件中，对已实施的税收保全措施，符合法定情形，需要延长税收保全期限的，应该逐级报请国家税务总局批准。①案情复杂，在税收保全期限内确实难以查明案件事实的；②被查对象转移、隐匿、销毁账簿、记账凭证或者其他证据材料的；③被查对象拒不提供相关情况或者以其他方式拒绝、阻挠检查的；④解除税收保全措施可能使纳税人转移、隐匿、损毁或者违法处置财产，从而导致税款无法追缴的。

5.采取强制执行措施

（1）适用强制执行的情形与措施。根据《中华人民共和国税收征收管理法》的规定，从事生产、经营的纳税人、扣缴义务人未按照规定的期限缴纳或者解缴税款，纳税担保人未按照规定的期限缴纳所担保的税款，由税务机关责令限期缴纳，逾期仍未缴纳的，经由县以上税务局（分局）局长批准，税务机关可以采取如下强制执行措施：①书面通知其开户银行或者其他金融机构从其存款中扣缴税款；②扣押、查封、依法拍卖或者变卖其价值相当于应纳税款的商品、货物或者其他财产，以拍卖或者变卖所得抵缴税款；③税务机关采取强制执行措施时，对上述纳税人、扣缴义务人、纳税担保人未缴纳的滞纳金同时强制执行。个人及其所抚养家属维持生活必需的住房和用品，不在强制执行措施的范围之内。

（2）强制执行的实施。为了规范税收强制执行中抵税财物的拍卖、变卖行为，保障国家税收收入，保护纳税人的合法权益，国家税务总局于2005年5月24日以国家税务总局令的形式发布了《抵税财物拍卖、变卖试行办法》，这一试行办法自2005年7月1日起开始施行。

抵税财物，是指被税务机关依法实施税收强制执行而扣押、查封或者按照规定应强制执行的已设置纳税担保物权的商品、货物、其他财产或者财产权利。拍卖，是指税务机关将抵税财物依法委托拍卖机构，以公开竞价的形式，将特定财物转让给最高应价者的买卖方式。变卖，是指税务机关将抵税财物委托商业企业代为销售、责令纳税人限期处理或由税务机关变价处理的买卖方式。国家税务总局发布的《抵税财物拍卖、变卖试行办法》对抵税财物的拍卖与变卖行为进行规范，以保障国家税收收入、保护纳税人的合法权益。

第一，适用拍卖、变卖的情形。适用拍卖、变卖的情形包括六个方面：①采取税收保全措施后，限期期满仍然未缴纳税款的；②设置纳税担保后，限期期满仍然未缴纳所担保税款的；③逾期不按规定履行税务处理决定的；④逾期不按规定履行复议决定的；⑤逾期不按规定履行税务行政处罚决定的；⑥其他经责令限期缴纳，逾期仍然未缴纳税款的。

第三，拍卖、变卖执行的原则与顺序。税务机关按照拍卖优先的原则拍卖、变卖抵税财物。抵税财物按以下顺序拍卖与变卖：①委托依法成立的拍卖机构拍卖；②无法委托拍卖或者不适于拍卖的，可以委托当地商业或企业代为销售，或者责令被执行人限期处理；③无法委托商业企业销售，被执行人也无法处理的，由税务机关变价处理。

国家禁止自由买卖的商品、货物、其他财产，应该交由有关单位按照国家规定的价格收购。

拍卖、变卖抵税财物时，应该通知被执行人到场；被执行人未到场的，不影响执行。税务机关与工作人员不得参与被拍卖或者变卖商品、货物或者其他财产的竞买或收购，也不得委托他人为其竞买或收购。

拍卖或者变卖所得抵缴税款、滞纳金、罚款，以及扣押、查封、保管、拍卖、变卖等费用后，剩余部分应该在3日内退还被执行人。

税务机关滥用职权，违法采取强制执行措施，或者采取强制执行措施不当，使纳税人、扣缴义务人或者纳税担保人的合法权益遭受损失的，税务机关应该依法承担赔偿责任。

（三）税款征收的其他规定

为保证税款的顺利征收，除税务机关根据法定情形可以实施的税款征收措施外，《中华人民共和国税收征收管理法》还围绕税款征收做了一些其他相关的规定。

1.税收优先权

税收优先权表现在三个方面：①税务机关征收税款，税收优先于无担保债权（法律另有规定的除外）；②纳税人欠缴的税款发生在纳税人以其财产设定抵押、质押或者纳税人的财产被留置之前的，税收应该先于抵押权、质权和留置权执行；③纳税人欠缴税款，同时又被行政机关决定处以罚款、没收违法所得的，税收优先于罚款、没收违法所得。

2.税收代位权与撤销权

为防止欠税的纳税人借债权债务关系逃避纳税，《中华人民共和国税收征收管理法》引入了《中华人民共和国合同法》中的代位权与撤销权概念，规定欠缴税款的纳税人因怠于行使其到期债权，或者放弃到期债权，或者无偿转让财产，或者以明显不合理的低价转让财产而受让人知道该情形，对国家税收造成损害的，税务机关可以依照《中华人民共和国合同法》的规定行使代位权、撤销权。欠缴税款的纳税人怠于行使其到期债权，对国家税收造成损害的，税务机关可以向法院请求以自己的名义代位行使纳税人的债权，但是该债权专属于纳税人自身的除外。欠缴税款的纳税人放弃其到期债权或者无偿转让其财产，对国家税收造成损害的，税务机关可以请求法院撤销纳税人的行为。欠缴税款的纳税人以明显不合理的低价转让财产，对国家税收造成损害的，并且受让人知道该情形的，税务机关也可以请求法院撤销纳税人的行为。

3.税款的追缴与退还

为体现税收法定原则，对纳税人多缴的税款要予以退还，对纳税人少缴的税款要进行追缴。但是为维护税收秩序的稳定，防止无限期地追索可能带来的工作量的巨大增长与证据的难以取得，法律对退还税款和追缴税款都做出了时间上的限制。

（1）纳税人超过应纳税额缴纳的税款，税务机关发现后应该立即退还；纳税人自结算缴纳税款之日起3年内发现的，可以向税务机关要求退还多缴的税款并且加算银行同期存款利息，税务机关及时查实后应该立即退还；如果涉及从国库中退库的，依照法律、行政法规有关国库管理的规定进行退还。

税务机关发现纳税人多缴税款的，应该自发现之日起10日内办理退还手续；纳税人发现多缴税款，要求退还的，税务机关应该自接到纳税人退还申请之日起30日内查实，并且办理退还手续。加算银行同期存款利息的多缴税款退税，不包括依法预缴税款形成的结算退税、出口退税和各种减免退税。退税利息按照税务机关办理退税手续当天的中国人民银行规定的活期存款利率计算。

（2）因税务机关的责任，致使纳税人、扣缴义务人未缴或者少缴税款的，税务机关在3年内可以要求纳税人、扣缴义务人补缴税款，但是不得再加收滞纳金。因纳税人、扣缴义务人计算错误等失误，未缴或者少缴税款的，税务机关在3年内可以追征税款、滞纳金。但是对有特殊情况的，追征期可以延长到5年。所谓“特殊情况”，是指纳税人或者扣缴义务人因计算错误等失误，未缴或者少缴、未扣或者少扣、未收或者少收税款，累计数额在10万元以上的。补缴和追征税款、滞纳金的期限，自纳税人、扣缴义务人应缴未缴或者少缴税款之日起开始计算。

对偷税、抗税、骗税的，税务机关追征其未缴或者少缴的税款、滞纳金或者所骗取的税款，不受上述规定期限的限制，即税务机关可以无限期追征。

（3）应退税款与欠缴税款的相互抵扣。在规定的期限内，纳税人多缴税款应该予以退还，少缴税款应该补缴。在纳税人既有多缴税款也有欠缴税款的情况下，允许多缴税款与少缴税款相互抵扣，既不失公平，效率又比较高。所以，《中华人民共和国税收征收管理法》规定，当纳税人既有应退税款又有欠缴税款的，税务机关可以将应退税款和利息先抵扣欠缴税款，如果抵扣后有余额的，要退还给纳税人。

4.纳税人涉税事项公告与报告

（1）县及县以上税务机关应该定期在办税场所或者广播、电视、报纸、期刊、网络等新闻媒体上公告纳税人的欠缴税款情况。

（2）欠缴税款数额较大（5万元以上）的纳税人在处分其不动产或者大额资产之前，应该向税务机关报告。

（3）纳税人有欠税情形而以其财产设定抵押、质押的，应该向抵押权人、质权人说明其欠税情况。抵押权人、质权人可以要求税务机关提供有关的欠税情况。

（4）纳税人有合并、分立情形的，应该向税务机关报告，并依法缴清税款。纳税人合并时未缴清税款的，应该由合并后的纳税人继续履行未履行的纳税义务；纳税人分立时未缴清税款的，分立后的纳税人对未履行的纳税义务应该承担连带责任。

（5）发包人或者出租人应该自发包或者出租之日起30日内将承包人或者承租人的有关情况向主管税务机关报告。发包人或者出租人不报告的，发包人或者出租人与承包人或者承租人承担纳税连带责任。

第三节　税务检查及行政复议

一、税务检查

税务检查又称纳税检查，是指税务机关根据税收法律、行政法规的规定，对纳税人、扣缴义务人履行纳税义务、扣缴义务及其他有关税务事项进行审查、核实、监督的总称。它是税收征收管理工作的一项重要内容，是确保国家财政收入和税收法律法规得以贯彻落实的重要手段。[①]

（一）税务检查形式

1.纳税企业自查

纳税企业自查是税务机关会同主管部门，组织纳税单位的财务人员按照税务机关的税务检查要求进行自我检查的一种形式。企业的税务代理机构对企业进行的检查也属于企业自查的范围。

纳税企业自查这种检查形式有很多优点，其主要优点为：纳税人对自己

---

① 陈昌龙.财政与税收[M].北京：北京交通大学出版社，2016.

的情况熟悉，容易发现问题，检查内容广、耗时少、收效快。除此之外，还可以增强纳税人的自觉性和弥补税务机关查账力量的不足。这种检查形式的缺点是：税务机关组织指导的工作难度大，要求高，稍有疏忽，检查就会流于形式，查得不深不透，出现走过场的现象。特别是受纳税人自身利益的制约，对于一些深层次的问题，纳税人是不愿暴露出来的。

2.税务专业检查

税务专业检查是由税务机关组织力量进行的检查。税务专业检查是税务检查的主要形式，它主要包括以下这三种检查形式。

（1）日常检查。日常检查是指税务机关在事前没有任何线索的情况下，按照检查计划的要求，对纳税人普遍进行的一种检查形式。它是税务机关对纳税人加强日常监督的一种重要措施。

（2）专案检查。专案检查是指税务机关在事先掌握了纳税人偷税线索的情况下，有目的、有重点地只对某一特定纳税人所进行的一种检查形式。这种检查，一般是在接到检举和举报的情况下所进行的税务检查，检查的针对性比较强，效果比较好。

（3）联合检查。联合检查是各级政府组织税务机关和其他机关协同配合、联合进行的一种检查形式。

（二）税务检查职责

1.税务检查的事项

税务机关在进行税务检查时，有权进行下列事宜的检查。

（1）检查纳税人的账簿、记账凭证、报表与相关资料，检查扣缴义务人代扣代缴、代收代缴税款账簿、记账凭证和相关资料。

（2）到纳税人生产、经营场所和货物存放地检查纳税人应纳税的商品、货物或者其他财产，检查扣缴义务人与代扣代缴、代收代缴税款相关的经营情况。

（3）责成纳税人、扣缴义务人提供与纳税或者代扣代缴、代收代缴税款相关的文件、证明材料和相关资料。

（4）询问纳税人、扣缴义务人与纳税或者代扣代缴、代收代缴税款相关的问题和情况。

（5）到车站、码头、机场、邮政企业及其分支机构检查纳税人托运、邮寄应纳税商品、货物或者其他财产的相关单据、凭证和相关资料。

（6）经县以上税务局（分局）局长批准，凭全国统一格式的检查存款账户许可证明，查询从事生产、经营的纳税人、扣缴义务人在银行或其他金融机构的存款账户。税务机关在调查税收违法案件时，经设区的市、自治州以上税务局（分局）局长批准，可以查询案件涉嫌人员的储蓄存款。税务机关在查询中所获得的资料，不得用于税收以外的其他用途。

2.税务检查的其他规定

（1）税务机关对从事生产、经营的纳税人以前纳税期的纳税情况依法进行税务检查时，发现纳税人有逃避纳税义务行为，并有明显的转移、隐匿其应纳税的商品、货物及其他财产或者应纳税收入的迹象的，可以按法定批准权限采取税收保全措施或者强制执行措施。

（2）税务机关依法进行税务检查时，有权向有关单位和个人调查纳税人、扣缴义务人和其他当事人与纳税或者代扣代缴、代收代缴税款相关的情况，有关单位和个人有义务向税务机关如实提供有关资料与证明材料。

（3）税务机关调查税务违法案件时，对与案件有关的情况和资料，可以进行记录、录音、录像、照相和复制。

（4）税务机关派出的人员进行税务检查时，应该出示税务检查证和税务检查通知书，并且有责任为被检查人保守秘密。

（5）税务机关检查纳税人账簿、记账凭证、报表和有关资料，检查扣缴义务人代收代缴税款账簿、记账凭证和有关资料时，可以在纳税人、扣缴义务人的业务场所进行。如有必要，经县以上税务局（分局）局长批准，可以将纳税人、扣缴义务人以前会计年度的账簿、记账凭证、报表和其他相关资料调回税务机关检查，但是税务机关必须向纳税人、扣缴义务人开付清单，并在3个月内完整退还。如有特殊情况的，经设区的市、自治州以上税务局局长批准，税务机关可以将纳税人、扣缴义务人当年的账簿、记账凭证、报表和其他有关资料调回检查，但是税务机关必须在30日内退还给纳税人、扣缴义务人。

二、税务行政复议

税务行政复议，是指纳税人和其他税务当事人对税务机关的税务行政行为不服，依法向上级税务机关提出申诉，请求上一级税务机关对原具体行政行为的合理性、合法性作出审议，复议机关依法对原行政行为的合理性、合法性作出裁决的行政活动。实行上，税务行政复议的目的是维护和监督税务机关依法行使税收执法权，防止和纠正违法或者不当的税务具体行政行为发生，以保护纳税人和其他当事人的合法权益。

（一）税务行政复议范围

纳税人与其他当事人（简称申请人）认为税务机关（简称被申请人）的具体行政行为侵犯其合法权益，可依法向税务行政复议机关申请行政复议。税务行政复议机关（简称复议机关），是指依法受理行政复议申请，对具体行政行为进行审查，并且作出行政复议决定的税务机关。

申请人对下列具体行政行为不服，可以提出行政复议申请：

（1）税务机关作出的征税行为，包括确认纳税主体、征税对象、征税范围、减税、免税、退税、抵扣税款、适用税率、计税依据、纳税环节、纳税期限、纳税地点和税款征收方式等具体行政行为；征收税款、加收滞纳金，扣缴义务人、受税务机关委托的单位和个人作出的代扣代缴、代收代缴、代征行为等。

（2）行政许可、行政审批行为。

（3）发票管理行为，包括发售、收缴、代开发票等。

（4）税收保全措施、强制执行措施。

（5）税务机关作出的行政处罚行为：①罚款；②没收财物和违法所得；③停止出口退税权。

（6）税务机关不依法履行下列职责的行为：①颁发税务登记证；②开具、出具完税凭证、外出经营活动税收管理证明；③行政赔偿；④行政奖励；⑤其他不依法履行职责的行为。

（7）资格认定行为。

（8）不依法确认纳税担保行为。

（9）政府信息公开工作中的具体行政行为。

（10）纳税信用等级评定行为。

（11）通知出入境管理机关阻止出境行为。

（12）其他具体行政行为。

（二）税务行政复议管辖

1.复议管辖一般规定

（1）对各级国家税务局的具体行政行为不服的，向其上一级国家税务局申请行政复议。

（2）对各级地方税务局的具体行政行为不服的，可以选择向其上一级地方税务局或者该税务局的本级人民政府申请行政复议。

（3）省、自治区、直辖市人民代表大会及其常务委员会、人民政府对地方税务局的行政复议管辖另有规定的，从其规定。

（4）对国家税务总局的具体行政行为不服的，向国家税务总局申请行政复议。对行政复议决定不服，申请人可以向人民法院提起行政诉讼，也可以向国务院申请裁决。以国务院的裁决为最终裁决。

2.复议管辖特殊规定

对下列税务机关的具体行政行为不服的，按照下列规定申请行政复议。

（1）对计划单列市税务局的具体行政行为不服的，向省税务局申请行政复议。

（2）对税务所（分局）、各级税务局稽查局的具体行政行为不服的，向其所属税务局申请行政复议。

（3）对两个以上税务机关共同作出的具体行政行为不服的，向共同上一级税务机关申请行政复议；对税务机关与其他行政机关共同作出的具体行政行为不服的，向其共同上一级行政机关申请行政复议。

（4）对被撤销的税务机关在撤销以前所作出的具体行政行为不服的，向继续行使其职权的税务机关的上一级税务机关申请行政复议。

（5）对税务机关作出逾期不缴纳罚款加处罚款决定不服的，向作出行政处罚决定的税务机关申请行政复议。但是对已处罚款和加处罚款都不服的，一并向作出行政处罚决定的税务机关的上一级税务机关申请行政复议。

（三）税务行政复议申请与受理

1.税务行政复议申请

申请人可以在知道税务机关作出具体行政行为之日起60日内提出行政复议申请。因不可抗力或者被申请人设置障碍等原因而耽误法定申请期限的，申请期限的计算应该扣除被耽误的时间。

申请人按照前述规定申请行政复议的，必须依照税务机关根据法律、法规确定的税额、期限，先行缴纳或者解缴税款和滞纳金，或者提供相应的担保，才可以在缴清税款和滞纳金以后，或者所提供的担保在得到具体行政行为的税务机关确认之日起60日内提出行政复议申请。

申请人对税务机关作出逾期不缴纳罚款加处罚款的决定不服的，应该先缴纳罚款和加处罚款，再申请行政复议。

申请人申请行政复议，可以书面申请，也可以口头申请。书面申请的，可以采取当面递交、邮寄、传真或者电子邮件等方式提出行政复议申请。口头申请的，复议机关应该当场制作行政复议申请笔录，交申请人核对或者向申请人宣读，并且由申请人确认。

2.税务行政复议受理

复议机关收到行政复议申请以后，应该在5日内审查，决定是否受理。对不符合规定的行政复议申请，决定不予受理，并书面告知申请人；对不属于本机关受理的行政复议申请，应该告知申请人向有关行政复议机关提出。行政复议机关收到行政复议申请以后未按照规定期限审查，并且作出不予受理决定的，可以视为受理。

对符合规定的行政复议申请，自复议机关收到之日起即为受理。受理行政复议申请，应该书面告知申请人。

对应该先向行政复议机关申请行政复议，对行政复议决定不服再向人民法院提起行政诉讼的具体行政行为，行政复议机关决定不予受理或者受理以后超过行政复议期限不作答复的，申请人可以自收到不予受理决定书之日起或者行政复议期满之日起15日内，依法向人民法院提起行政诉讼。

（四）税务行政复议审查与决定

1.税务行政复议审查

行政复议机关应该自受理行政复议申请之日起7日内，将行政复议申请书副本或者行政复议申请笔录复印件发送被申请人。被申请人应该自收到申请书副本或者申请笔录复印件之日起10日内提出书面答复，并提交当初作出具体行政行为的证据、依据和其他相关材料。

对国家税务总局的具体行政行为不服申请行政复议的案件，由原承办具体行政行为的相关机构向行政复议机构提出书面答复，并提交当初作出具体行政行为的证据、依据和其他有关材料。

行政复议原则上采用书面审查的办法，但是申请人提出要求或者行政复议机关认为有必要时，应该听取申请人、被申请人和第三人的意见，并可以向有关组织和人员调查了解相关情况。

对重大、复杂的案件，申请人提出要求或者行政复议机关认为必要时，可以采取听证的方式进行审理。

行政复议机关应该全面审查被申请人的具体行政行为所依据的事实证据、法律程序、法律依据和设定的权利义务内容的合法性、适当性。

申请人在申请行政复议时，依据《税务行政复议规则》规定一并提出对有关规定审查申请的，行政复议机关对该规定有权处理的，应该在30日内依法处理；无权处理的，应该在7日内按照法定程序逐级转送有权处理的行政机关依法处理，有权处理的行政机关应该在60日内依法处理。在处理期间，要中止对具体行政行为的审查。

行政复议机关审查被申请人的具体行政行为时，认为其依据不合法，本机关有权处理的，应该在30日内依法处理；无权处理的，应该在7日内按照法定程序逐级转送有权处理的国家机关依法处理。在处理期间，要中止对具体行政行为的审查。

2.税务行政复议决定

行政复议机关应该对被申请人的具体行政行为提出审查意见，经行政复议机关负责人批准，按照下列规定作出行政复议决定。

（1）具体行政行为认定事实清楚、证据确凿，适用依据正确、程序合法、内容适当的，决定维持原来的决定。

（2）被申请人不履行法定职责的，决定其在一定期限内履行。

（3）具体行政行为有下列情形之一的，决定撤销、变更或者确认该具体行政行为违法：①主要事实不清、证据不足的；②适用依据错误的；③违反法定程序的；④超越职权或者滥用职权的；⑤具体行政行为明显不当的。

决定撤销或者确认该具体行政行为违法的，可以责令被申请人在一定期限内重新作出具体行政行为。行政复议机关责令被申请人重新作出具体行政行为的，被申请人不得以同一事实和理由作出与原具体行政行为相同或者基本相同的具体行政行为。不过，行政复议机关以原具体行政行为违反法定程序决定撤销的，被申请人重新作出具体行政行为的除外。

在申请行政复议时，申请人可以一并提出行政赔偿请求，行政复议机关对符合国家赔偿规定应该赔偿的，在决定撤销、变更具体行政行为或者确认具体行政行为违法时，应该同时决定被申请人依法赔偿。

在申请行政复议时，申请人没有提出行政赔偿请求的，行政复议机关在依法决定撤销、变更原具体行政行为确定的税款、滞纳金、罚款和对财产的扣押、查封等强制措施时，应该同时责令被申请人退还税款、滞纳金和罚款，解除对财产的扣押、查封等强制措施，或者赔偿相应的价款。

行政复议机关应该自受理申请之日起60日内作出行政复议决定。在情况比较复杂时，不能在规定期限内作出行政复议决定的，经行政复议机关负责人批准，可以进行适当的延期，并告知申请人和被申请人。但是延期不得超过30日。

行政复议机关作出行政复议决定，应该制作行政复议决定书，并加盖行政复议机关印章。行政复议决定书一经送达，即发生法律效力。

第四节　现代事业单位财政税收管理的措施

事业单位不同于企业，其财政税收具有一定的特殊性，相对复杂一些。由于一直以来对于事业单位的考核都是以公益和服务内容为主，并对事业单位创造的经济效益和资金投入回报没有较高的要求。这也使当前事业单位财政税收具有一定的隐蔽性和分散性特点。而在实施时，它又呈现出多样性和复杂性的特点。因此，对于事业单位的税收征管难度较大。近年来，随着事业单位的改革不断深入，经济发展越来越完善，这也使财政资金补助越来越少，这对于事业单位分配制度产生了较大的影响，因此需要积极应对事业单位财政税收中存在的问题，全面提升事业单位财政税收管理水平。

一、事业单位财政税收管理的现状

（1）纳税工作缺乏规范性。目前，在事业单位发展过程中，一直都缺乏纳税意识，对于税收理解得不够深入，这也导致在实际工作中不能严格按照国家的税收规章制度做好各项工作，纳税工作欠缺规范性，从而严格影响了事业单位财政税收工作的顺利开展。

（2）票据管理存在漏洞。完整的票据是确保事业单位财政税收信息准确性的一个重要的依据，但是由于一些事业单位会计管理制度不健全，票据管理工作中存在许多问题，易出现票据遗漏或是缺失的情况。与此同时，部分事业单位领导对于票据管理不够重视，这也导致票据管理中存在较多的漏洞，不规范，票据管理制度形同虚设，无法发挥其重要职能，从而对财政税收工作的开展产生了较大的影响。①

（3）预算管理水平不高。预算管理水平的高低直接受预算管理理念的影响，当前大部分事业单位预算管理理念相对落后，再加之预算管理模式不先进，从而无法构建起完善的预算管理体系。在实际发展过程中，事业单位并没有结合自身的实际情况来制定与自身相符的预算管理机制，这也导致预算执行过程中存在很多问题，从而对事业单位各项工作的有序开展产生了较大的影响。

（4）监督体系不完整。当前，对事业单位财政税收方面的监管较为松散，不仅缺乏专门的监督部门，而且监督制度也得不到有效执行。大部分事业单位财政税收监督缺乏长期性和动态性，仅是以专项检查的方法进行监督，而且没有完善的监督方案，群众和社会媒体更是无法有效地发挥它们的监督作用。

二、加强事业单位财政税收管理的措施

（1）提高税收缴纳的规范性。事业单位都有依法纳税的义务，在进行财政税收工作时，都应该提高税收缴纳的规范性。税务机关应该到事业单位进行纳税宣传，必要时要加大宣传的力度，在不断的宣传过程中增强事业单位的纳税意识。与此同时，事业单位也应该对纳税宣传做出积极的回应，应该组织相关人员积极学习与国家税收相关的法律规章制度，提高事业单位在财政税收工作上的合理性和合法性，严格按照规定要求进行税务的缴纳。

（2）加大财政税收票据管理的力度。高度重视财政税收票据管理，通过积

① 邵明霞.加强事业单位财政税收管理的措施分析[J].现代经济信息，2019，（14）：140.

极推进事业单位分类改革工作，不断细化事业单位票务工作的职责，避免票据管理混乱或重复等问题的出现。与此同时，提高财务会计人员对票据管理工作重要性的认识，按照现行票据管理办法与相关规定，积极开展教育培训活动，全面提升财务会计人员的专业技能，鼓励员工系统学习财政税收规范与要求，及时了解财政税收与票据管理的相关规定，从而认识到在促进事业单位有序发展中票据管理工作所具有的积极作用。

事业单位在发展过程中，还要重视固定资产管理工作，对固定资产的使用费、修理费，有偿转让固定资产收入等进行严格管理。固定资产管理要严格遵守国家与有关部门为事业单位税收管理所颁布的明文规定，避免在税前扣除计提的修购基金，及时在单位所得税申请报表中补充此内容，以确保事业单位的财政税收票据管理工作的规范性和有效性。

（3）构建完善的预算管理体系。在现代事业单位发展过程中，需要树立先进的预算管理理念，预算人员需要加大对预算管理工作的重视力度，并且不断注入新的元素，以促使预算管理水平的提升。与此同时，还要积极结合实际情况，创新预算管理模式，有效规避风险，营造良好的环境，实现全面预算管理，优化整合财政资金，以实现财政资金的高效利用。预算管理水平的提升离不开完善的预算管理机制，通过建立健全预算管理机制，才能掌握市场经济变化情况，使资金预算能够有据可依。在具体制定预算管理制度时，需要以市场经济变化情况为基础，并结合自身的实际水平，重视先进预算管理经验的吸收和借鉴，以确保制定的事业单位预算管理制度符合事业单位发展现状。与此同时，还要对预算目标进行细化，确保每个部门都能够严格按照预算目标执行，并且对实施中出现的问题及时解决。另外，还要尽可能对预算审批流程进行优化设计，全面提高预算管理工作的效率，以确保预算目标的顺利实施。

（4）建立健全监督机制。要保证事业单位财政税收工作高效运行就必须建立健全监督体系，应该将内部监督与外部监督相结合。事业单位应该设立专门的监督管理机构，尽量缩短审核与检查的周期，形成相互监督与自我监督相结合的形式，以提高财政税收工作效率。预算编制应该由财务部门将其交由每个部门进行详细审核与纠错，然后由领导层签字确认才能执行。事业单位要将纳税信息与相关的财务报表及时进行公开，接受群众的审查与建议，对群众提出的具有建设性的意见予以采纳。通过强化内部监督和外部监督，可以进一步提高事业单位财政税收管理工作的水平。

在当前市场经济环境下，事业单位在促进经济发展中发挥着越来越重要的作用，这也使财政税收问题不断凸显出来，因此需要加大财政税收管理力度，积极构建完善的预算管理体系，提升财政税收管理机制的规范化、科学化水平，从而为事业单位财政税收工作的有序开展奠定坚实的基础。

| 第五章 |

现代事业单位经济管理与创新模式

随着经济全球化的发展，我国事业单位管理工作已经迈向了一个新台阶。事业单位的健康发展，与管理工作密不可分，尤其是在现代经济环境下，良好的管理工作，可以有效地促进我国事业单位经济与文化等方面的发展。本章重点围绕科技与文化事业管理、公共卫生与公用事业管理、事业单位经济管理的内部控制、事业单位经济管理行为与创新模式展开论述。

第一节　科技与文化事业管理

一、科技事业管理

（一）科技事业活动的分类

科学技术研究活动是由无数具体的科学技术事业产品构成的，对现代社会发展有着重要的推动作用。在现代社会中，科学技术研究活动既可以按其研究的性质进行分类，也可以按其活动的目的和功能进行划分。

1.科技事业活动从研究本身分类

科技事业活动从研究本身的性质来看，可以分为以下四类。

（1）基础科学研究。基础科学研究也就是人们平常所说的科学研究，主要是对自然科学中的基本问题和基础理论进行研究。与具体的技术研究相比较，基础科学研究提供的是物化的可能，它是科技与经济发展的源泉和后盾，是新发明或技术研究的先导。这一类研究活动的特点是它的研究成果难以在短时间内实现商品化，无法推向市场，却又是社会生存与发展必需的东西。

（2）人文社会科学研究。人文社会科学研究关注和解决的是人类自身的知识和文化发展，以及整个社会政治、经济和文化的发展问题。这其中，除可以将社会科学研究中的一些属于软科学、行为科学研究和微观经济研究的成果直接为企业等应用外，还有对公众整体的和社会存在与发展的研究。

（3）应用技术研究。应用技术研究类科技活动主要是应用技术研究，就其特性而言，即我们平常所说的技术发明活动。应用技术研究是在一定的基础科学研究的基础上，根据现实的需求综合利用知识，将科学研究提供的物化可能变为现实。这一类研究活动的特点是为满足社会现实的需要，产品比较容易商业化，并且可以通过市场来提供。

（4）公益性研究和技术推广。公益性研究主要是指一些涉及公众整体利益的技术研究和运用，如气象服务、灾害等方面的技术和研究等。技术推广主要是指涉及公众利益和社会整体经济发展的技术，如农业方面的种子改良技术等，这类技术是社会发展的一种基础性需求。从某种程度上来看，公益性研究和技术推广都属于技术研究或者技术发明的范畴，但是由于它们涉及公众的共同利益和社会发展的基本需求，难以实现或不能市场化。

2.科技事业活动按目的与功能分类

在不同的科技事业产品的生产中，其从事科学技术研究的主体与从事研究的目标是不相同的，因而某一特定的科学技术活动对社会发展的作用也是不完全相同的。因此，根据科技活动的目的和功能，可以将科技事业活动分为下述两大类。

（1）以满足企业或市场需求为主要目标的科技活动。以满足企业或市场需求为主要目标的科技活动主要就是应用技术研究。在现代社会经济发展中，技术发明活动具有很多作用，最主要的作用就是在企业生产中被广泛应用。这是由于现代社会企业间的竞争，是企业实力的竞争。企业实力的竞争不但取决于企业的资金实力，更取决于企业的技术和管理水平。而技术和管理水平提高的基础就是科技成果的取得和运用。具体来说，企业之所以重视科学技术成果，其原因如下。

第一，科学技术成果或产品可以提高企业的生产效率和产品的市场竞争力。现代企业在市场中的竞争，其最基本的方式之一就是要降低产品的单位成本和提高产品的品质，而要实现这一目标，最有效的方式就是运用科技成果提高劳动生产率和产品的质量。因此，现代社会中，作为一种产业组织的企业，必然不断地开发、吸收和运用各种先进的科学技术成果，来开发新产品，改进产品质量，以提高生产效率。

第二，科学技术成果或产品可以为企业带来巨额利润，追求利润是企业存在的基础，也是企业组织活动的最根本目标，而科学技术成果或产品使企业目标的实现成为一种可能。之所以如此，不仅是由于科学技术成果的应用可以增强企业产品的市场竞争力，而且产品市场占有率的扩大还增加了企业利润。与此同时，科技产品往往是独创的、单一的产品，受专利的保护，具有垄断性，而一些重大的技术创新活动，往往会引起一系列的产业变化和消费革命，为企业开辟新的市场领域，创造可观的利润。

在现代社会中，企业为了自身的存在和发展需求，必须依靠科技，企业因而成为科学技术成果或产品的最重要需求者之一。这样，企业就必须不断地进行科学技术研究与开发活动，或从特定的科学技术产品市场上购买所需要的科技产品。因此，从事这类所需科技产品生产的主体，既可以是企业自身，也可以是企业以外的组织，如专门的科研机构或个人等。由于不断有人进行科学技术研究与开发活动，就必然相应地有科技产品市场的存在。从总体上来看，科技产品市场的技术产品既有应用性的科技产品，而且也有可以商品化和产业化的科技产品。这一类科技活动与科技产品的生产，主要交给企业或其他相关组织去完成，政府应该不涉及具体的活动，或要从具体的活动中退出。

（2）以满足社会共同需求为主要目标的科技活动。在现代社会中，除上述主要与企业生产有关，可以产业化和市场化的科技产品生产活动外，还有以满足社会共同需求为主要目标的科学研究活动，如基础科学研究、社会科学研究和技术推广，以及公益性研究等。

以满足社会共同需求为主要目标的科技活动的基本特点是：一方面，这些研究是整个应用技术研究的基础，所要解决的是整个人类社会生产和发展的问题，因而反映的是社会的共同利益要求；另一方面，这些科技活动的结果或很难量化，或不能商品化，或具有垄断性，或由于涉及全社会整体的技术进步和社会发展，而不能以市场方式提供。

此外，还有一些重大的开发应用性研究原本可以市场化，但是由于投资高和风险大，一般企业无力或不愿从事研究。与此同时，由于它又关系到国计民生，具有重要的经济和社会效益，因其难以市场化。从某种程度上来看，它是满足社会共同需求的一种活动，必须公共生产。

（二）科技管理的内容、原则与调控方式

1.科技管理的基本内容

科技管理工作的内容相当丰富，如确定并贯彻科技发展方针和战略、制定并实施规划和计划，以及科研机构的设置和布局、课题项目的确定和实施、

科技成果的开发和推广等，这些都属于科技管理工作的内容。而现代社会的科技管理体制，是一个以政府为核心的包括多种主体的生产和提供有机结合的系统。这一系统是以相关公共政策的制定而形成的制度框架与相应的管理职能所构成的，因此，科技管理的基本内容可以从以下两个方面进行分析。

（1）建立适合科学技术产品特点的生产和提供制度。科学事业产品是由不同性质、不同目的的科学研究活动所产生的，因此，应该按照科学技术活动的不同性质或科学技术产品的不同分类，制定相应的科学技术产品的生产和提供政策。

（2）科学技术市场的管理。在现代社会中，由于科学技术产品生产的多元化，以及市场提供和混合提供的存在，而决定了科学技术产品市场在整个科技事业发展中占有极其重要的地位，也决定了科学技术市场管理是科技管理的一项基本任务，是落实和执行相关公共政策的重要保证。具体来说，科学技术市场管理的内容包括对技术商品的管理、对科学技术市场参与者的管理和科学技术市场的其他管理。

在科学技术日益成为社会经济发展主要动力的今天，科技管理在国家公共事业管理中的重要性越来越突出。随着科学技术学科门类的不断丰富和创新，以及社会经济的发展对科技进步需求的不断加强，科技管理的内容也会不断更新，不断丰富。

2.科技管理的具体原则

虽然科技管理与其他行政部门的管理，以及经济管理等同属现代管理科学的实际应用，它们之间有着许多共同的思维和操作原则，但是科技管理是对科学技术的知识生产和社会活动进行管理，因而必然有着自身的特殊性与要遵循的原则。从整体上来看，科技管理要遵循以下这些原则。

（1）系统性原则。现代科技活动的社会化、复杂化、大型化决定了科技管理必须以系统思想为指导。首先，现代科学技术各门类、各学科之间相互联系、相互渗透、相互交叉，构成了综合性大科学体系。因此科技管理必须充分反映科学技术各领域的内在联系，并且具有协调一致的能力，使很多的各类科研机构形成有机整体，构成一个目标统一、工作协调的系统。其次，科学技术是第一生产力，与国民经济和社会各部门密切关联。这就要求宏观科技管理应该贯彻国家的科技发展方针，按照统一的科技战略部署，集中优势力量解决与经济、社会以及科学技术自身发展休戚相关的重大问题，以保证人力、财力、物力的合理配置，使全社会的科研系统正常运行，从而实现科技与经济、社会的协调发展。地方各级政府与其科技主管部门要在立足于本地区科技发展的同时，重视协调与国家整个科研系统的关系，在统一的科技发展战略部署下，去计划和安排地方的科技工作。

（2）灵活性原则。科技活动与一般生产活动有不同的特点，这一特点主要表现在三个方面：一是科技活动具有较大的不确定性，包含着许多变数，不能像物质生产那样定型、常规地进行；二是科技工作的劳动生产率不像物质生产那么容易测定；三是科技活动是以探索性、创造性为主的脑力劳动，在研究过程中往往会出现一些难以预料的问题，以致不得不修改原定计划或方案。由于科技活动有这些特点，科技管理因而必须充分贯彻灵活性原则，在计划管理、项目管理、人员管理、经费管理等项目管理的过程中要注意留有余地，保持高度的应变能力，保持整体的可塑性、适应性和自我调节性，实行动态管理。

（3）能级性原则。能级主要是指管理机构各部门或者其中的工作岗位在职能上的等级差别。现代科技管理按照不同的能级，建立管理的层次和程序，设定各种规范和标准，以实现合理而有序的优化管理。现代科技管理能级性原则的合理而有序主要表现为：首先，科技管理机构按能级层次构成稳定的组织形态。其最高层是决策层；第二层是管理层，它运用一些管理方法和手段以实现最高层的决策；第三层是执行层，它执行管理层的命令，直接组织和调配人力、财力、物力和信息资源；最底层是操作层，负责完成具体工作任务。其次，应该明确划分不同能级的责、权、利。只有各部门和每一个工作岗位责任明确、权限清晰、奖惩有据，才能形成高效率的管理机制。最后，各能级必须动态地应对调整。各种工作岗位都有不同的能级，管理者也都有不同的才能，从而使具有不同才能的人处于相应能级的岗位上，以做到人尽其才，各尽所能。这样，科技管理系统才能处于稳态，并得以持续高效地运行。

（4）前瞻性原则。当代科学技术发展日新月异，科技管理机构要对科技发展的趋势有充分的估计，发挥科技情报和科技预测的作用，密切跟踪科技发展新动向。在做好近期和当前科技工作安排的同时，又要科学地制定长远的战略目标和中长期规划，形成合理的梯度分布，构成远、中、近结合的科技发展规划和计划体系。在市场经济条件下，激烈的市场竞争不断要求缩短技术创新的周期，这就更要求宏观科技管理加强对科研机构和企业的技术创新研究的前瞻性指导，以加强对国内外技术市场的预测和调控。

科技管理工作的实质，就是要对全社会的科学技术活动进行有效的调节与控制，这也是最重要的科技管理的方式。现代科学技术活动都有着明确的目的性，大至国家科技发展方针和战略的制定，小至每一县区的重点科技项目的立项，都要经过科学论证、反复评价、严格筛选，之后才能有最终的决定。当目标确定之后，才能制作成计划。最后，由科技管理机构根据计划向有关部门和单位下达研究任务，并组织实施研究活动。在对这些研究活动进行管理的过程中，主要的工作是协调方方面面的关系，处理各种各样的矛盾，这就是科技管理系统为什么要发挥调节功能的原因。为使科学技术活动能够按计划正常进行，还必须发挥科技管理系统的控制功能，及时做好信息反馈，了解实际效果与计划要求之间的偏差，并且积极采取措施来纠正或减小这些偏差。而加强科技管理的调节与控制，可以减少人力、财力、物力和信息资源的浪费，提高科技工作的效率，从而加快科技成果向生产力的转化。我们可以将科技管理的调节与控制简称为科技管理的调控，这是因为在一般情况下，在科技管理实践过程中，这两者往往互相交织、结合起来运用。

3.科技管理的调控方式

科技管理的调控方式是多样化的，其对象也因时空变化而各有不同。通常，按照科技管理的程序来区分，有预先调控、过程调控和反馈调控；而按照科技管理的空间层次来划分，则有宏观调控和微观调控。下面来具体分析。

（1）程序调控。

1）预先调控。预先调控是指通过制订计划，对将要进行的科学技术活动进行的预设性调控。预先调控的主要任务是正确选择科研项目与课题，保证科研过程中所需人力、财力、物力资源在质和量上不会有不足或过剩的偏差出现，目的是使科研实际成果尽可能地取得或超过计划的预期结果。预先调控的主要内容如下。

第一，项目与课题。在向各地区和有关单位广泛收集科研项目与课题的基础上编制计划，编制计划时要考虑项目与课题的先进程度、经济建设和社会发展的关联程度、项目与课题所需经费的多少与承担地区或单位的具体条件等多方面的因素，经过专家论证、严格筛选、避免重复，最后确定编入计划的项目与课题。在编制计划时，还要确定基础、应用和开发三类研究的合理比例，以及重点项目与课题和一般项目与课题的划分。

第二，人力资源。为了有效地开发与管理人力资源，在编制计划时必须根据实际工作需要来制定相应的标准，按照相应的标准选拔适用于科技活动的合格人才，必要时要根据有关政策确定招揽人才和鼓励人才流动的优惠条件。

第三，经费预算。对于基础研究和某些应用研究，一般要通过同行与专家评议，以及对科学意义与应用前景的论证分析来进行经费的预算。而对于某些应用研究和开发研究则需要进行技术经济分析，预估可能取得的经济效益和社会效益后，再确定经费预算。

第四，仪器设备。在对科研机构仪器设备进行最优配置时，应该根据预计的科研任务，设计若干配置方案，然后进行计算，选择所需总费用最少的方案编入计划。对科研活动所需的一些特殊的、非标准化的仪器设备，要根据实际情况拟订出相应的标准与方法进行调控。

2）过程调控。预先调控结束，即正式计划下达后，科技管理工作的中心便开始转移到过程调控，即对计划执行过程的管理。过程调控主要是科技管理机构采用行政的、经济的手段对科研单位执行计划的活动进行规范、指导和检验，在调控过程中及时发现和解决问题，推动工作的正常进行，保证计划的完成。过程调控的主要内容如下。

第一，签订项目合同与实施方案。在科技项目合同中，特别是在计划的科技活动中，要明确管理机构和科研单位双方的权利和义务。通常，属于能够产生经济效益的应用或开发研究项目合同必须要附上有偿科研经费偿还保证书。

实施方案是与项目合同配套使用的一种管理文件，其内容是项目进展过程中不同年度的具体计划方案。项目合同与实施方案的签订，在加大了科技管理力度的同时，又为计划执行过程中的检查、验收提供了依据。

第二，项目经费的划拨与管理。科技管理机构通过财政或银行将科研经费划拨到下级科技管理机构，或直接划拨到项目承担单位。项目经费划拨之后，科技管理机构要对经费的使用进行监督管理，以保证专款专用。对有偿科技项目经费，在项目获得成果与经济效益之后，还要做好经费的回收工作。

第三，项目计划的检查与验收。在项目计划的执行过程中，按照项目合同书的要求，项目承担单位要按时向计划下达部门报告计划的执行情况，如填报季度进展情况和年度工作总结报告等。科技管理机构也应经常派专员深入项目承担单位进行实地了解、协调计划的进展，以督促计划的正常执行。项目计划完成后，科技管理机构要对项目计划进行全方位的验收与审查，以做好科技成果的评审鉴定工作。

3）反馈调控。反馈调控是指科技管理机构对已经完成计划规定的阶段性或全部的科技活动进行分析和总结，吸取经验和教训，作为反馈信息，用以修正下一步管理行为，以改进今后的科技管理工作。反馈调控通常包括以下五方面。

第一，科研计划完成情况分析。分析是否如期完成科研计划，成果质量如何，实施科研计划中人力、财力、物力和时间的消耗情况等。一般来说，分析和总结这些情况有利于改进今后的计划管理。

第二，科技人员情况分析。分析科技人员组成结构状况、知识水平和能力能够适应科研工作的要求、人才流动情况等。通过综合分析，来寻找进一步的改进措施，从而使人力资源配置更趋势化。

第三，仪器设备使用情况分析。对仪器设备的利用率、再用率、陈旧率等进行分析，以便更好地把握仪器设备的合理配置和使用潜力。

第四，财务状况分析。分析科研经费的使用和收支平衡情况，以便进一步做好科研经费的划拨及与科研任务相平衡的工作。

第五，科技成果分析。重点分析科技成果水平、理论价值和经济效益，以及进一步发展的可能等。通过对这些情况进行分析和总结可以掌握科研工作的效率、投入产出比，以及项目与课题选择的合理程度。科技成果分析信息的反馈，有利于改进今后的选题质量，提高科研的水平。

总之，上述的调控活动不是相互割裂的。它们只有联成一体，都围绕资源、研究和成果三者之间的关系来进行，才能实现及时合理调控，从而保证科技计划的顺利完成。

（2）层次调控。层级调控分为宏观调控和微观调控。宏观调控是指通过制定科技发展方针、战略、规划和计划，建立或改革科技管理体制，进行科技立法，出台科技政策、法规等措施，是对全局性的科学技术活动所进行的指导与调控。后者是相对前者而言按行政隶属关系来划分的。其中，中央对于各省（市）、区来说是宏观调控，各省（市）、区的科技管理则是微观调控；而对各地（市）、县而言，省（市）、区的科技管理又是宏观调控。宏观调控与微观调控是既相互区别又相互联系、不可分割的统一体。这就决定了在科技管理实践中，首先，要划分管理层次，明确各层次的任务。越是高层次的调控，其科技管理的政策性就越强；越是低层次的调控，其科技管理的业务性就越强。因此，在不同的管理能级岗位上应该具有不同的职能和权力，在不同的管理层次上应该有不同的调控侧重点。其次，宏观调控与微观调控既要政策统一、行动协调，又要允许微观保持一定的灵活性。由于宏观调控与微观调控活动的目的都是发展科学技术事业、获得经济和社会效益。所以，不同层次的科技管理机构都应充分发挥调控功能，从而让整个科技管理系统高效稳定地运行。

（三）科技管理的模式

1.行政管理模式

（1）科技行政管理的内容。科技事业对社会发展的作用是以科技产品的生产和提供来体现的，而从其活动的基本特点来看，在科技事业发展中需要政府干预，需要政府发挥其主导作用，这就是科技行政管理。

按照具体工作性质来分类，科技行政管理可以分为科技政策管理、科技规划管理、科技技术管理、科技成果管理、科技人才管理、科技经费管理、科技条件管理，以及科技信息管理等。若按管理对象来划分，则可分为专业科研机构管理、高等院校科研工作管理、工矿企业救赎进步管理、农村科技发展管理、社会发展科技工作管理，以及对国际科技交流与合作管理等。

除此之外，科技管理还可以管理的时间跨度和管理主体的空间层次为标准来划分。从时间管理上来看，可以分为短期年度科技计划、中期科技规划和长期科技规划管理；也可以分成近期攻关型、中期预研型和长期储备型科技管理。从管理层次上看，就中国而言，可以分为国家级、省市级、县区级科技管理。

（2）科技行政管理的方式。科技管理的调节与调控构成科技行政管理的主要方式。为此，科技行政管理必须发挥其控制功能，减少人力、财力、物力和信息资源的浪费，提高科技工作的效率，以加速科技成果向生产力的转化。

2.公共事业管理模式

作为一个整体，科技产品具有突出的准公共产品的特性。除此之外，科技事业产品还具有突出的外部收益，因此对科技事业管理应该主要采取公共事业管理模式。

公共事业管理模式包括基础性研究和社会公益性研究的模式管理。基础性研究是人类文明进步的动力，而且难以在较短的时间内实现商品化。无独有偶，社会公益性研究也难以实现市场化，因而这些活动的管理都属于公共事业管理的范围。根据建立现代事业制度的设计构想，凡是专门从事上述研究活动的机构，均应视为事业组织。在新的科技事业管理体制下，独立研究机构和高等学校的科研机构，将成为专门从事上述研究的主力军。所有这些研究机构都需要实行行政职责分开，以建立现代科研组织制度。除极少数由政府直接管理的研究机构仍然实行预算拨款方式之外，其他的国家财政性科研事业经费，都应该按照公开、公平、平等、竞争和择优的原则，通过基金申请、委托研究、公开招标等多种形式，来支持和资助各类重要的基础性、公益性和国家对策性研究。

3.企业管理模式

现代企业在市场中竞争中，其最基本的方式之一就是要降低产品的单位成本和提高产品的品质。而要实现这一目标的最有效的方式，就是运用科技成果提高劳动生产率和改进产品的质量。因此，在科技创新活动中，有相当一部分的活动以满足企业或市场需求为主要目标。在市场经济条件下，企业技术创新活动就应该交给企业去办，对这部分活动的管理则采用企业管理模式。具体说来，企业应该成为开发、应用及研究的主力军，建立相应的研究与开发机构，加大科技投入，推动企业技术进步和技术创新。根据建立现代事业制度的设计构想，企业内设的各类研究机构，都应该视为企业本身的一个组成部分，实行企业化管理，不再属于“事业”单位。

二、文化事业管理

（一）文化事业管理的认知

由于文化事业产品是准公共产品，而且具有商品和特殊精神产品属性，因此现代社会文化事业管理的基本格局应该是生产主体多元，政府通过对文化的投入和扶持政策，进行分类管理、分级指导，国家保证重点，社会兴办文化事业。具体来说，这一现代社会文化事业管理应具有以下的基本框架和内涵。

1.文化事业产品生产的制度

（1）确立文化事业发展规划。与教育事业产品的生产相类似，文化事业的发展也需要制定相应的发展规划。所谓文化事业发展规划，就是在一定的时期内文化事业的发展规模和所应有的水平，包含了文化事业发展的数量和质量两个方面，这是文化事业产品生产中必须要解决的一个问题。

而文化事业发展之所以需要发展规划，主要有如下这些原因。

第一，文化事业的基本产品是关系到社会共同需求的公众文化事业设施，以及公共图书馆、展览馆、博物馆等，这些文化事业产品需要根据整个国家文化发展的总体需求和不同地区的具体情况，合理配置资源，以满足公众基本文化发展的需求。

第二，电视、广播等既是当代社会中公众基本的文化需求，又有一定的经营能力，而且属于社会效益和经济效益都极高的文化事业，其覆盖面范围广，建设投资大，因而必须有一个合理的布局，既要最大限度地使用资源，又要充分地发挥其作用。

第三，文化事业产品是一个国家文明发展水平的重要标志之一，因而国家必须有明确的规划，确立和保证一些既可以反映社会文化事业水平，又有自己民族特色的文化产品的生产。

（2）建立合理的文化产品的生产模式。文化事业产品总体上是准公共产品，应该有两种生产方式，即公共生产和非公共生产。由于在公共产品到私人产品的范围内，不同类别的文化事业产品有比较大的差别，因而生产主体的多元性更为必要。在文化领域内，所谓公共生产，是指由政府兴办文化事业，公共财政支出是其主要经费来源，如公众的文化事业、国家的电视台、重要的报纸杂志、重点的艺术团体、公共图书馆、纪念馆等。所谓非公共生产即私人生产，是指主要由非公共财政支出来承担经费的文化事业，如娱乐业，音像影视，一些报纸杂志，一些国家的由私人开办的电视台，等等。总体来说，现代文化事业产品的生产，应该是生产主体的多元化，政府、非政府组织和个人共同参与，国家保证基础和重点，社会兴办文化事业的发展格局。

（3）文化事业产品生产过程的管理。文化事业产品是精神产品，其生产是一个涉及意识形态问题，甚至是社会文化发展方向的生产过程。而为保证各类文化事业按照社会发展的需求进行生产，就必须对文化事业产品的生产过程进行管理。在现代社会中，对文化产品生产过程的管理不是管理主体介入生产过程，而是要尊重文化产品的生产。就拿艺术作品创作来说，一定要遵循它的创作规律。为此，文化事业产品生产过程的管理要从两个层面来理解：一方面，对违反国家意识形态的文化产品要进行严肃的处理；另一方面，要通过政府和非政府组织如行业协会等，以一定的方式（如评奖、经济政策上的优惠等）积极鼓励、支持符合公众需求和社会文化发展方向的文化产品的生产与创作，批评和谴责落后的、不健康的东西，以引导文化产品的生产符合公众需求。

2.文化事业产品的提供制度

文化事业产品可以根据其公共性的纯度或外部性分布情况，以及公共文化产品的特殊性，采取公共提供、混合提供与市场提供相结合、以混合提供为主的公共政策，构建相应的文化事业产品提供制度。

（1）公共提供。公共提供的文化事业产品，首先应该是满足公众基本文化需求和公众基础文化设施，如现代社会中的社区基本文化设施，公共图书馆、纪念馆，以及群众文化馆、文化站等。这些文化事业产品满足的是公众基本的文化需求，其外部收益是最高的，受益面也是最大的，而且相对成本也是最低的。因此，这些文化事业产品应该采用公共生产，以公共提供如以政府补贴为主的公共政策。这一以补贴为主的方针，基本上是一种无偿提供的财政政策，即使收费也主要是补贴服务成本。其次是广播和电视台及某些电视节目。在现代社会，广播和电视已成为满足公众基本文化需求的重要渠道，而且具有受益面广、相对成本低的特点，因而应该采取公共提供的方式。必须指出的是，广播由于其经营能力较弱，可以采用公共生产、公共提供的方式，而且这种提供基本上是免费的。但是电视的情况则较为复杂，由于电视正日益成为现代社会影响面最大的传媒之一，因此，从其作为国家意识形态和政策方针的宣传主导媒体这一功能而言，现代国家基本上都建立了完全或主要由国家财政负担费用的国家电视台，而由地方财政负担费用的地方电视台属于地方政府管理，并且基本免费向公众提供，即公共生产、公共提供。与此同时，由于电视有较强的经营能力，随着社会的发展和电视节目的丰富多彩，一些国家则采取了对电视台某些以宣传报道国家方针、政策为主的频道给予财政支持，基本免费向公众提供。

（2）非公共生产、混合提供。在现代社会中，非公共生产、混合提供的文化事业产品主要是一些重要的文艺演出产品和报纸杂志，以及一些电视台或电视节目。这其中的文艺演出产品，主要是一个国家中水平最高的、具有重大影响力的艺术团体。我国的国家级艺术团体就属于这类文艺演出产品，政府给予其一定的补贴或在税收上给予一定的优惠等，将其收费、质量等纳入政府文化管理。这样既提供了其基本的经费来源，保证了其基本的生存条件，又能够通过对价格的控制进行管理，从而促进这些重要的文化产品向社会的普及。同样，对具有类似情况的报纸杂志和私人电视台或其中的某些节目，也应采用同样的方式向社会提供。

（3）非公共生产、市场提供。在现代社会中，这类文化事业产品也占有相当大的比重，主要有娱乐业产品，大多数的演出业产品、音像影视业产品、新闻出版业产品等。在现代社会中，尤其是在市场经济条件下，这类文化产品行业主要是为满足公众不同的个性化和不同层次的文化需求，其经营能力强。从相当程度上来看，它是一种市场商品，而它是公共事业产品的基本依据，主要是其外部性，但是其外部性又是所有文化事业产品中外部性最小的一类。由于这些文化产品的外部性最小，政府用大量资金去补贴是不合适的，应该由消费者自己支付最为合理。因此，这些文化事业产品合理的提供方式是市场提供。

由于文化产品的特性，这种市场提供的方式通常有两种方式，即收费标准由政府管理部门统一核定，或者完全交由文化产品生产者按市场供求来自行确定。前者实际上是一种计划与市场结合的指导价格，而后者则是完全的市场价格。一般来说，与教育产品的市场提供相类似，在完全由市场决定文化产品收费，并且有足够多的产品可以让公众自由选择的情况下，公众是可以通过收费与所获得的收益即精神享受的对比来确定消费的。由此可见，政府在用上述方式引导文化产品生产价值的取向上，“管其价格，不如管其质量”更符合市场竞争原则，从而促进非公共生产提供更好的文化产品。

3.文化产品市场管理

在现代社会中，无论是公共生产还是非公共生产的文化事业产品，无论是公共提供、混合提供还是市场提供，都存在文化消费的需求与供给的问题，即存在文化市场的问题。这一点，在不同类别的文化事业产品之间，在非排他性和非竞争性的差别上表现得比较明显，许多文化事业产品更接近通常意义上的商品或原本就是为交换而生产的商品，如娱乐业产品、影音产品等。而在商品市场中，文化事业产品由于其表现形式和精神产品所具有的属性，因而又是市场中的一类特殊商品。因此，在整个文化事业管理中，文化事业产品的市场管理是非常重要的。

一般来说，文化产品市场管理的基本内容包括以下五方面。

（1）文化市场管理规范。由于文化产品的特殊性，不同的国家对文化产品管理的具体规范不完全一致，如对文物，有的国家明确规定不许买卖，而有的国家可以买卖，但是对哪些文化产品可以进入市场，哪些文化产品不可以进入市场，则有完全不同的规定。因此，文化市场管理规范的建立，必须根据不同国家或社会的不同情况，来制定相应的法律法规，以法律法规构成文化市场管理的基本规范，以依法对文化产品进行管理。

（2）文化市场经营者的管理。从总体上来看，由于文化产品是一种专业性较强的产品，自然就要求文化产品的经营者必须有相应的资质。而对一些承担文化经营和服务的团体、协会等非政府组织来说，这些组织本身就是经营者和管理者。因此，必须对文化产品的经营者和服务者进行管理，尤其是把握好进入市场的资格审查，从某种程度上来说，这是文化市场得以规范运行的基本条件之一。与此同时，还要对文化市场经营者的行为进行管理，即监督其是否按照国家的有关法律法规进行经营，并且对违法者要进行查处。另外，在管理方面，还有一个对文化市场的培育问题，即对文化市场经营者支持或扶持的问题。目前，从我国的实际情况来看，从事文化娱乐业者比较多，可是由于其他类型的文化市场经营机构发展得还比较弱小，还不能满足我国经济发展和广大群众多层次文化消费的需求，这就需要政府积极进行引导，社会各界大力支持和扶植。

（3）对文化产品本身的管理。文化事业产品既是专业性较强的产品，又是一个内容丰富、类别繁多、相互之间差异较大的产品。由于文化产品和文化服务是特殊的商品，因而，必须针对不同文化产品的特点制定相应的法律法规，进行分类指导、分类管理，将相应的管理措施落实到具体的文化产品和文化服务上。在现代社会中，有些文化产品需要重点进行管理，它们为：一是音像产品管理；二是娱乐业市场管理；三是演出市场管理；四是艺术品管理；五是出版物管理。在这里，要提醒的是，对文化产品的管理不是在代替经营者对产品进行经营，而是对文化产品能否进入市场进行管理。这一管理，首先看是否具有商品资格，其次看其内容是否符合有关规定。

（4）文化产品价格管理。文化产品价格管理的主要内容有三个方面：一是对属于公共生产、公共提供的文化产品和服务的收费标准进行检查；二是对实行指导价的文化产品，即非公共生产、市场提供中纳入国家管理价格的文化产品进行管理；三是对一些文化产品实行特殊的税收与价格政策。因为文化产品特殊性的一个重要表现，就是一些产品的市场价格与其艺术价值会发生背离，有些艺术产品的市场价格甚至不及生产成本，难以为继，但是社会对这一产品又是有需求的，如儿童剧的编制和演出就存在这种情况。因此，国家必须运用税收与价格政策，对某些文化产品实行差别税率甚至免税政策，以对其进行扶持。在文化市场上实行的这一税收与价格政策，与生产过程中实行的相关政策是不同的，它可以说是在市场交易完成后所进行的扶持。

（5）社会捐助资金管理。社会力量对文化事业进行捐助，用以支持文化事业的发展，是现代社会中通行的做法。社会对文化事业捐助的主要对象，是公众文化事业的设施建设，以及非营利的文化事业团体。社会捐助资金的管理，主要是对资金使用是否符合捐助目的的监督管理，是一种外部管理，是依据相关的如非政府组织资金管理的法律法规进行的管理。

（二）文化事业产品的准公共性

虽然文化事业按其活动的目的和功能，其产品可以分为公益性文化事业产品和营利性文化事业产品，但是由于文化事业活动的特点，即其产品具有公共事业产品的基本特点——准公共性。而文化事业产品的准公共性与教育事业产品的公共性有相似之处，这种相似之处可以分为下述两个方面。

1.文化事业产品具有非排他性与消费竞争性

文化事业产品的消费大多具有无形性、延伸性、渗透性的特点。如一个人看电视、听广播、看电影、看演出、看展览，并不影响其他人看电视、听广播、看电影、看演出、看展览，即在一定范围内，一个人消费文化产品时，并不排斥其他人同时消费。虽然文化事业产品具有非排他性，但是这一非排他性是有限度的，如一定条件下的电视、广播的覆盖面是有限的，超过设备技术限制，电视、广播的传播质量必然下降。与此同时，演员的声音和演出的形体可视范围也是有限的，展览场地的可容纳范围也是有限的，因而当消费者人数增加到一定数量时，必然需要增加演出场数和展出场数，这就会增加成本。另外，像报纸、杂志、公众文化事业活动等都存在相似的情况。

文化事业产品的消费竞争性表现在：随着消费者的不断增加，其总成本也必然增加，而文化需求的满足是与一定的社会进步相联系的，是以经济的发展为基础的，因而相对于公众不断增长的文化需求，文化事业产品的供给能力是有限的。这样，在文化事业产品供给能力有限的情况下，必然产生需求竞争，如影视作品、时尚的娱乐项目等就存在激烈竞争。

在这里，需要指出的是，由于文化事业产品还具有层次性、多样性的特点，许多消费项目是在满足公众基本文化需求的基础上，为不同层次和不同样式的文化需求的公众进行生产的，如娱乐业就具有这样的特点。因而，这类文化产品具有更强的排他性和更强的竞争性，而且这种竞争基本上是一种市场竞争。此外，一些具有营利性的文化事业产品的竞争基本上也是市场竞争，如大多的报纸杂志间的竞争。因此，在现代社会中，文化事业与教育事业相比，具有更强的产业特征。如今，文化产业这一概念得到了广泛的认同，而且还形成了各式各样的文化企业。

2.文化事业产品具有外部收益性

在市场经济条件下，文化事业产品的消费是一种大众的消费，文化事业产品的生产首先是为满足公众不同层次的需求而进行的，文化事业产品的社会功能也是通过文化消费主体的消费来实现的，即文化事业产品的外部收益是通过内部收益来发挥的。文化事业产品的内部收益表现为公众在消费的文化事业产品后，其精神享受和文化娱乐的需求得到了满足，从而提高了文化素质，为激发创造性和积极性提供了重要条件，以促进自身的全面发展。

文化事业产品的外部收益表现为：第一，社会的优秀文化遗产将通过文化活动尤其是有引导的文化活动得到继承和发展。与此同时，文化事业产品的生产和提供的过程是一个实践过程，在这一过程中，符合时代发展的又有自己民族特色的当代文化得以形成。第二，与民族的、现代的、大众的、健康的文化的形成和发展是相辅相成的，公众在消费文化事业产品，满足自己精神文化需求的同时，也陶冶了情操，提高了文化修养，从而营造了一个良好的社会文化氛围。这不仅促进了情商的提高，有助于公众自身创造力和工作积极性的激发，也有助于道德素养的提高，从而有利于社会的安定。第三，正因为在现代市场经济条件下，文化事业活动与经济有更紧密的联系，因而是社会经济发展的一个增长点。总之，在现代社会中，作为上层建筑的文化事业对社会经济发展发挥着十分重要的推动作用，是社会进步和经济发展中的重要力量。因此，在现代社会中，一个国家或地区的文化事业的发展水平成为该国社会经济发展水平的重要标志，体现着该国或地区的文明程度。

（三）文化艺术事业管理的主要内容

《中共中央关于加强社会主义精神文明建设若干重要问题的决议》《中共中央关于进一步做好文艺工作的若干意见》《国务院关于进一步完善文化经济政策的若干规定》都明确了切实加快文化艺术事业发展的目标，并且结合管理的实践，指出了文化艺术事业管理的主要内容。现将这些主要内容总结如下。

（1）重视文化艺术事业的规划。发展文化艺术事业是精神文明建设和社会全面进步的重要内容，要将其纳入经济和社会发展的总体规划和年度计划；动员各有关部门和社会各界形成合力，以共同推进文化艺术事业的发展，并且保证中央和国务院有关文化艺术基本政策得以连续性地执行。

（2）深化文化艺术体制改革。围绕增强文化艺术事业的活力，充分调动文化艺术工作者的积极性，以多出优秀作品、多出人才为目标，深化文化艺术体制改革；文化艺术体制改革要符合精神文明建设的要求，遵循文化艺术发展的内在规律，发挥市场机制的积极作用；各文艺企事业单位都要深化内部改革，加强管理，以建立既有竞争激励，又有责任约束的机制。

（3）加强文化艺术法制建设。要建立各项文化艺术交流的法律规范；对文化艺术援助、文化艺术投资等活动进行明确的制度限定和规范；各项文化艺术贸易协议、合同都必须遵循文化艺术事业管理的法律法规，等等。

（4）关注文化艺术人才的培养。我们要建设一支政治强、业务精、作风正的文化艺术劲旅，教育广大文化艺术工作者树立正确的世界观、人生观、价值观；认真地贯彻党的文化艺术工作方针和原则，发扬敬业精神和奉献精神；努力培养跨世纪的文化艺术人才，使各门类文化艺术人才能够走向世界；文化艺术事业发展所需要的高层次人才短缺问题，可采取调整、引进等方式进行解决；要注重真才实学，不受年龄、学历所限；要将文化艺术领域各专业学科后备带头人纳入专业学科带头人的培养规划；要提高做出特殊贡献的优秀文化艺术人才的待遇。

（5）增加文化艺术事业经费的投入。目前，文化艺术事业投入总量偏少、比例偏低。对政府兴办的群众艺术馆、图书馆、博物馆、展览馆、美术馆等公益性事业单位，财政上要给予一定的经费保证；对乡镇文化设施建设实行补贴制度；定期对现有文化艺术场所进行维修、完善、改造，并且逐步更新、补充专业设备，以适应社会文化艺术事业发展的需求；要注意平衡东西部地区经费投入的比例，使社会整体的文化艺术事业能够和谐发展。

（6）普及文化艺术基础设施建设。制定好文化艺术基础设施建设宏观目标、总体规划和年度计划；做好现有文化场所的普查、管理工作，充分发挥现有公益性文化场所作用；在城市规划与建设中，要结合辖区内大中企业的实际情况，搞好公共文化设施的布局和配套，建设并利用好可以为群众服务的图书馆、影剧院、文化馆等文化设施。对于规划预留的文化场所的建设用地，任何单位或者个人不得占用。

（7）实施部分税费优惠政策。对文化艺术事业单位自用房产、车辆、土地免征房产税、车船使用税和土地使用税。基础设施建设所涉及的各种税费，可全部列入财政年度计划；对专业文化团体、群众文化艺术馆、美术馆、博物馆、图书馆等单位举办的非经营性文化活动收入的营收税，可以按照先征后返的政策执行；公益性设施建设用地，土地管理部门可以以划拨方式审批；鼓励社会力量资助文化事业，纳税人可以通过文化行政部门，对专业艺术表演团或优秀剧目，以及公益性的图书馆、博物馆、美术馆、展览馆、重点文物保护单位进行捐赠。

（8）完善文化艺术事业发展专项基金制度。可以建立精品艺术生产专项基金，用于扶持重点剧目的创作、演出；建立艺术人才培养专项基金，用于拔尖人才和各艺术门类带头人的培养；建立文学艺术奖励专项基金，用于奖励获国家或者省部级文学艺术奖的作品和有突出贡献的单位、个人，以及对文化工作有特殊贡献的单位、个人；文化艺术事业发展专项基金，由文化主管部门统一使用，由财政部门、审计部门进行监督检查。

第二节　公共卫生与公用事业管理

一、公共卫生管理

（一）公共卫生管理方法

关于公共卫生管理，从不同的角度可以规划出不同方法，而比较常用的管理方法有卫生计划管理和卫生服务质量管理。

1.卫生计划管理

卫生计划管理是指以卫生资源为基础，以提高服务能力为手段，以保护和促进人民健康为目的而制定的一系列行动方案。卫生计划是公共卫生管理的重要内容，计划是对未来行动的一种统筹设计，从管理的角度看，计划是管理的首要职能。计划是对未来方案的一种说明，包括目标、实现目标的方法与途径、实现目标的时间、如何完成目标等内容。常见的卫生计划包括卫生项目计划、卫生机构计划和卫生发展计划。卫生项目计划是指在特定的时间内运用一定的资源，对具体的卫生问题所采取的干预措施与行动方案。一些国际组织（如世界卫生组织、联合国儿童基金会等）在我国实行的各种项目多属于这类计划。卫生机构计划是指为了实现组织机构的使命而制定的一系列行动方案，如医院的发展规划等。卫生发展计划是从现代卫生发展的战略思想出发，在一个国家或地区的环境和资源容许的范围内，为改善居民的健康状况，提高居民的健康水平，按照一定目标为居民提供所必需的卫生服务所采取的措施和方案。

制订卫生计划除了要遵循一般技术制定所要遵循的整体性原则、分类指导原则、前瞻性原则、科学性原则和滚动调节原则外，还必须遵循与卫生事业相关的特定原则。这些特定的原则有如下六个。

（1）与社会经济发展相适应原则。卫生计划要从国情出发，与当地国民经济和社会发展相适应，按照居民卫生服务的实际需求，合理配置资源。

（2）可持续发展的原则。既能满足当前卫生需求，又能兼顾将来的卫生需求；不仅能解决现有的卫生问题，还能防止卫生问题的再次出现或避免新的卫生问题出现。

（3）公平与效率兼顾原则。既要追求卫生资源利用的最大化，也要充分关注到社会各阶层尤其是弱势群体在拥有卫生资源、利用卫生服务及其维持健康水平等方面的公平性。

（4）均衡发展与突出重点相结合的原则。卫生计划既要充分体现综合性和方位特点，如预防、医疗、保健、卫生监督、医学教育、药品、科技等领域的协调发展，又要突出农村卫生、预防保健和中医药三大战略重点，以强化基本卫生服务和卫生监督管理。

（5）成本与效益相统一原则。遵循产出决定投入的模式，采用适宜技术、适宜设备，提倡资源共享。通过合理定点、分级转诊、建立社区卫生服务体系，来提供及时、方便、质优、价廉的基本卫生服务。

（6）预防为主原则。卫生计划的主要任务就是资源合理分配，必须贯彻预防为主的思想。树立三级预防的概念，把医院的职能从医疗型向预防医疗型转变，以真正实现卫生资源的合理分配目标。

2.卫生服务质量管理

卫生服务质量是指卫生事业满足人们健康需求能力的特征与特性的总和。从广义角度来看，卫生服务质量强调患者的满意度、工作效率、卫生服务技术经济效果（投入—产出关系）以及卫生服务的连续性和系统性；从狭义角度来看，卫生服务质量是指卫生服务的及时性、有效性和安全性。卫生服务质量的测量主要包含三个内容，即组织结构、服务过程和结果。卫生服务的组织机构包括卫生系统的网络和机构布局。而病床的分布和质量、卫技人员的资历、职称以及医疗技术和设备等“硬件构成”，都能够反映出卫生服务质量的好与坏。组织结构特征的作用在于能增强或减弱享受较好医疗行为的可能性，但是结构与行为之间并非必然的因果关系。因此，组织结构是反映质量的一种比较粗略的工具。卫生服务过程被定义为医患间与健康有关的活动和相互作用的复杂过程。卫生服务的特征与其产生的结果有两个原因：一部分是由当时的医疗科技状况所决定的；另一部分是由指导管理医患关系的规范所决定的。在特定时期，服务过程的质量是规范行为，这种行为与结果变化存在相关联系。卫生服务结果被定义为卫生保健对象健康状况的改变。卫生服务结果的测量指标除了包括躯体生理方面的健康之外，还包括社会心理功能的改善和患者满意度等。

卫生服务质量是需要管理的，其管理的基本模式如下。

（1）服务生产模式。在服务生产模式中，卫生服务是一种特殊的服务，具有无形性、无法储存、生产消费同时性等特点。因此，卫生服务质量管理的关键在于确定服务属性的质量标准、选择服务过程中使用的资源和技术，以最低的成本生产符合质量标准的无形服务。

（2）消费者满意模式。消费者满意模式强调顾客对服务质量的主观看法，消费者是否与服务人员合作，是否会再购买服务，是否会向他人介绍服务，都是由消费者的主观评估确定的。根据消费者满意的模式，在购买服务之前，消费者会根据自身需求、以往经验、口碑和提供者发布的各种广告信息，对服务质量具有一定的预期想法。在接受服务之后，消费者会产生有关服务质量的感知。如果消费者感知的服务质量超过他们对服务的期望，就会感到满意；反之，就是不满意。该模式认为，卫生服务质量管理的关键在于影响消费者感知的服务质量，提高消费者的满意程度。因此，管理人员不仅要重视服务过程和服务结果，而且还要了解、分析消费者的看法与各种影响因素。总之，消费者满意模式极大地丰富了消费者对服务质量的理解。

（3）相互交往模式。卫生服务是一种面对面的服务，其核心是卫生服务提供者与利用者之间的相互交往。面对面服务质量是由协调、完成任务和满意三个层次组成的。协调是指服务人员和消费者之间的感情交流，建立起良好的关系。完成任务是指服务人员和消费者都能够完成各自的任务，实现服务的目标。满意是指服务人员和消费者根据自己的期望，评估服务的满意度。该模式认为，卫生服务质量受预先规定的服务程序、服务内容、消费者和服务人员的特点、机构特点和社会特点、环境和情绪等多种因素的影响。要提高服务质量，必须同时考虑消费者和服务人员的感受、反应和交往质量。

（4）卫生服务整体质量管理模式。从顾客的角度来看，服务质量不仅与服务结果有关，还与服务过程有关。因此，服务质量具有服务的客观现实与消费者的主观感受两种属性。服务质量包括技术性质量和功能性质量，前者是指服务结果的质量，通常能为消费者客观评估。后者是指服务过程的质量，不仅与服务时间、地点、人员仪表、服务态度、服务方式、程序等有关，还与消费者的个性特征、态度知识等有关，这是一种主观的判断。该模式认为卫生服务机构是感情密集型机构，服务环境如服务设施、人员仪表等对功能性质量的影响很大。服务人员必须为消费者提供正确的信息，使消费者对服务质量形成正确的期望。消费者必须参与服务过程，提供必要的信息，配合服务人员，才能获得优质的服务。为此，服务机构要加强质量教育，使全体服务人员参与到质量管理中，以增加消费者的信任感和忠诚感，与消费者建立、保持并发展长期的合作关系。

（二）公共卫生管理的影响因素

公共卫生管理受系统内外因素的制约。研究这些因素对公共卫生管理的影响程度与作用机制，有利于进一步适应、利用和改变这些影响，从而促进公共卫生管理的健康发展。

（1）社会制度。在不同的社会制度下，国家体制存在着明显的差异，公共卫生管理发展的重点、方针、政策及管理方法都会因此有所不同。在我国，公共卫生管理是政府实行一定福利政策的社会公益事业。因此，我国卫生管理的宗旨是为人民健康服务，为社会主义现代化建设服务。

（2）经济基础。经济基础是各种社会事业发展的前提。公共卫生管理发展的速度和规模直接受经济基础的制约和影响，公共卫生管理只能从当时当地的社会经济发展的实际情况出发。随着我国社会经济的持续发展，国家、社会以及居民个人用于公共卫生管理的投入不断增加，从而为提高居民健康水平提供了经济和物质保障。

（3）人口状况。人口状况包括人口数量、人口质量和人口构成，它既受公共卫生管理发展的影响，又影响公共卫生管理的发展。不同的人口状况反映出不同的卫生服务需求，不同的公共卫生管理发展的侧重点。人口多是我国的重要国情，人口数量的增长导致人均卫生资源的拥有量相对减少，而人口构成的变化也给卫生服务和管理提出了不同的要求。

（4）文化背景。文化是一个国家和地区居民价值观、伦理观、健康观的综合反映。文化背景主要从三个方面影响卫生事业的发展：一是卫生人力资源，即所培养的卫生技术和管理人员的质和量；二是健康教育水平，人们实施或接受的健康教育，形成良好的生活方式都与文化背景有关；三是卫生保健的可接受性，卫生保健措施在文化程度高的国家和地区，普及程度更高，推广效益更大。

（5）科技发展。科技发展，尤其是生物医学科学与技术的发展，为公共卫生管理的发展创造了条件。许多新技术、新设备、新药品在医疗卫生领域的普及和应用，丰富和更新了卫生服务的手段，提高了卫生服务的效果和效益，加速了公共卫生管理的发展步伐。

（6）管理水平。科学管理的目的就是在有限的资源条件下创造出最大的效益，公共卫生管理的发展同样面临着资源有限与需求无限的矛盾，同样要靠科学管理来解决卫生资源分配的公平和卫生服务提供的效益之间的平衡问题。卫生体制改革、卫生政策设计、卫生资源配置、卫生组织管理、卫生人力资源开发、医疗机构经营等，都是科学管理在卫生管理改革与发展中的具体实践。

（三）公共卫生管理体制分析

公共卫生管理体制，即指公共卫生管理的组织制度。它由一些互相关联、互相衔接的内容组成，具有系统性、全面性等特征。一般来说，公共卫生管理体制主要包括以下方面。

1.公共卫生服务体制

公共卫生服务是公共卫生管理的主要职能，其体制是公共卫生管理体制的核心内容，公共卫生服务体制就是在以基本医疗制度为基础的前提下，以公共财政为主要资金来源，由政府统一组织，向全体公民提供高效、安全、便捷、廉价的公共卫生和基本医疗服务的制度。由此可见，公共卫生服务就是由政府牵头组织、遵循基本医疗制度、面向全体群众的体现公平性的卫生服务。公共卫生服务体制是公共卫生服务的载体和制度保障，它可以分为疾病预防控制体制和医疗救治体制。

健全的疾病预防控制体制应具备四个方面的内容与要素：第一，要有完备的由中央到地方的各级疾病预防控制机构和基层预防保健组织；第二，要建立功能齐全、反应迅速、运转协调的突发公共卫生事件应急机制；第三，要有灵敏高效、快速通畅的全覆盖的疫情信息网络；第四，先进的疾病预防控制机构基础设施和实验室设备条件以及高科技的专业人才。

而医疗救治是政府行为，应该凸显其公平性，换言之，每个公民都有接受医疗救治的权利。医疗救治服务的提供者主要是医院以及其他医疗机构，如中国的120急救中心就是重要的应急医疗救治机构。医疗救治的工作本质要求工作人员必须具备救死扶伤的高尚品德和精湛的医术。

2.公共卫生监管体制

公共卫生监管是国家卫生行政机构或行政性组织依据卫生法律、法规对社会公共卫生事务进行监督管理的一种行政行为，是国家行政权力的重要组成部分。公共卫生监管体制是指关于公共卫生行政监督机构的设置、公共卫生监管职权的划分及其运行等各种制度的总称。由于各个国家公共卫生管理的发展形势和阶段不相同，其公共卫生监管体制也有所差异。

3.公共卫生危机管理体制

所谓公共卫生危机也就是指突发的公共卫生事件，它不仅危及人类的健康，还影响着社会的稳定，世界各国都因而非常重视公共卫生危机管理。突发公共卫生事件又叫公共卫生危机事件，突发性公共卫生事件是指突然发生、造成或者可能对社会公众健康造成严重损害的重大传染病疫情、群体性不明原因疾病、重大食物中毒以及其他严重影响公众健康的事件。由此可见，公共卫生危机事件具有突发性、危害性和破坏性、群体性等特征。

随着经济全球化不断加强，人口城镇化进程不断加快，公共卫生危机事件又表现出了加速扩散性和叠加共振性等新特点。加速扩散性指由于国际交往越来越密切，人口流动越来越频繁，这些因素都影响着公共卫生危机事件的发生。而叠加共振性是指突发公共卫生事件以生产力中最活跃的因素——人的生命健康作为直接对象，在政治、经济、文化等领域均会产生影响，从而表现出一种社会危机的叠加与共振效应。

从产生原因来分析，导致公共卫生危机事件发生的情况一般有六种。

第一，生物病原体所致疾病。主要指传染病（包括人畜共染传染病）、寄生虫病、地方病，区域性流行、暴发流行或出现死亡；预防接种或预防服药后出现群体性异常反应；群体性医院感染等。

第二，食物中毒事件。主要原因可能是农药中毒、鼠药中毒、细菌性食物中毒、有毒动植物中毒等。

第三，有毒有害因素污染造成的群体中毒、中毒死亡。这类公共卫生事件由于是污染所致，往往波及范围极广，并且常常会对下一代造成极大的危害。

第四，天灾事件引起的群体发病或死亡。包括自然灾害，地震、火山爆发、泥石流、台风、洪涝等的突然袭击而带来严重的诸多公共卫生问题，其中，包括社会心理因素在内的诸多公共卫生问题，从而引发多种疾病，特别是传染性疫病的发生和流行。

第五，意外事故引起的群体发病或死亡。意外事故，煤矿瓦斯爆炸、飞机坠毁、空袭等重大安全事故，由于没有事前的准备和预兆，往往造成巨大的经济损失和人员伤亡。

第六，其他原因引起的群体发病或死亡。不明原因引起的群体发病或死亡，这类事件由于是不明原因所致，通常危害较前几类要严重得多。

突发公共卫生事件应急管理是指公共卫生应急管理部门对已经被界定为突发性的公共卫生事件进行组织指挥、监测预警、医疗救治、报告信息等应急处理的全过程。当前，突发公共卫生事件应急管理已经成为各国发展公共卫生管理的重中之重，不容忽视。组织指挥、监测预警、医疗救治、信息报告、预防控制和后勤保障这五个系统构成了一个较为完善的突发公共卫生事件应急管理系统。

突发公共卫生事件应急管理的基本要求主要包括以下方面。

第一，事前要求。主要要求处理突发事件的预警系统通过对各种信息的收集与整理，运用现代科学的预测方法、预测技术，在评估的基础上对突发事件的发生、发展趋势及其规模、危害等问题，进行科学的推断与预测，并且向有关部门和公众进行通报。只有这样，才能提高处理突发事件的能力和水平，减小突发事件造成的危害。其中，科学、准确的信息和适宜的预测方法，是预测准确性的两大关键因素。

第二，事发要求。主要要求处理突发事件的监测系统迅速、全面地收集各种与突发事件有关的信息，并在此基础上，对信息进行科学的加工、分析、汇总，以得出科学的结论，对突发事件的处理进行指导。

第三，事中要求。主要是指对调查处理机构的要求和执法监督机构的要求。调查处理机构在处理突发事件时，首先，要弄清突发事件的性质；其次，要采取相应的措施防止事件蔓延，以减小危害、保护人群；最终，其目标是查清事件起因，指导今后的工作。而执法监督机构在处理突发事件时，要做到依法管理，这就需要做好两方面的工作：一方面要组织并规范公民在突发事件中的行为；另一方面要规范其他应急处理机构在突发事件中的行为，对内、对外要发挥双重的监督作用。

第四，事后要求。要求评估机构在突发事件结束后，运用科学的评估方法与适宜的指标对其进行评价，用以总结成功经验，发现不足，以便提高处理突发事件的科学性和管理水平。

总之，构建我国高效公共卫生体系，必须转变公共卫生管理传统思维观念，倡导信息公开化，加大公共卫生的投入力度，强化公共卫生基础设施的建设。另外，公共卫生事件有突发性强、传播快等新特点，这就要求改变公共卫生管理传统方式，要构筑一个信息资源能够共享的网络平台，这样就可以让各级卫生行政部门和疾病预防控制机构在同一时间内，都能够及时获得相关的情报，从而为科学决策和协同处理赢得时间。与此同时，要注重软件开发，推动公共卫生体系的高科技化、信息化。最后，应优化整合区域内卫生资源，实行卫生全行业管理体制，并尽快出台一部公共卫生法，以实现公共卫生管理的法制化。

4.公共卫生医疗保障体制

公共卫生医疗保障体制是最受百姓关注、政府重视的社会保障制度之一，一般包括免费医疗服务、医疗保险和医疗救助等内容，其中，医疗保险在保障体系中占主体地位。医疗保险就是当人们生病或受到伤害时，由国家或社会给予的一种物质帮助，即提供医疗服务或经济补偿的一种社会保障制度。医疗保险制度通常由国家立法，建立基金制度，费用按国家有关规定交纳，医疗保险费由医疗保险机构支付，以化解劳动者因患病或受伤害所产生的医疗风险。

5.公共卫生人才培养与社会支持体制

随着现代社会的不断发展，人们的生活水平不断提高，公共卫生管理作为社会公益性事业，为了满足公民更多、更高、更新的公共卫生需求，势必要在加强公共卫生管理内部人才培养的同时，又要取得广泛的社会支持。

公共卫生人才培养体制是整个公共卫生管理体制的基础。近年来，突发公共卫生事件频繁发生，给各国的公共卫生管理发展带来了困难和挑战。为了保障国民健康、提高本国公共卫生服务质量、对突发公共卫生事件能及时做出反应，各国政府都将人才培养视为促进公共事业健康发展和解决突发公共卫生事件的治本之策，有目的地制定人才发展规划和人才培养计划，并通过不同途径和方法，深入进行科学研究，努力建设一支高层次、复合型技术的人才队伍。

二、公用事业管理

（一）公用事业的特点

公用事业是城镇生存和发展的重要物质基础，为企业和居民提供共同的生产生活条件。在城镇公用事业中，除部分可通过市场由企业、个人或社会中介组织提供外，大部分属于纯公共物品，如普通道路、基础教育设施、防震等城市防灾设施等，在消费上具有非竞争性、非排他性，无法根据等价交换的原则或者通过收费来筹集资金，也不能将不缴费人排除在享受政府公共服务的人员范围之外，而企业和个人不愿投资于这类设施；有的公用事业具有自然垄断性，如供电、供水设施，若由企业和个人经营，则会有利用垄断地位损害社会公共利益的行为出现。由于城镇公用事业存在自然垄断和外部效应，而且部分设施投资额大、建设周期长、技术要求高，项目本身只有微利或者无利可图，这就需要多渠道筹集资金，增加投入，以适应城镇发展的需求。因而，城镇公用事业规划与建设是政府公共服务的重要内容，必须适当地超前发展，否则，在城镇化进程中就会出现交通拥挤、能源紧张、住房困难、环境污染等问题，从而延缓城市经济社会的发展。

随着社会的进步和经济的发展，公用事业的概念也日渐更新。从公用事业产品与公众基本生活质量的关系来看，公用的概念应该从三个方面来理解：一是公共交通，所谓公共交通，既有传统的城市和城市间的公路客运，也有一定条件下的铁路客运、航空客运和水路客运；二是城市供水和排水、电力供应、煤气、天然气等；三是邮政和通信，随着社会经济的不断发展和科学技术的不断进步，以及公众生活水平的普遍提高，移动通信、网络等也正逐步成为大众的基本需求。

具体来说，公用事业的概念会细分与扩大。城镇的能源生产和供应服务，包括火电、水电、核电、煤气等的生产，以及电力与煤气的输送和服务，构成了城镇生产、生活的动力来源；城镇给排水服务，包括水源建设与保护、自来水的生产、供给，生产和生活用水的处理与排放，以及相应的管网建设等。当然，城镇航空、铁路、汽车、运输等对外交通服务，构成城镇与其他地区和国家资本、劳动力、技术、信息等生产要素交流的物质基础。城镇道路、城市客货运输和城市交通管理等市内交通服务，是城镇生产与生活的共同条件，是城镇生存和发展的重要物质载体。城镇邮电通信服务，包括邮件收集、运输、发送，以及固定电话、移动电话、互联网服务等，构成了城镇生产、生活信息流的重要载体。城镇环卫、环保、园林、绿化等服务，主要为企业生产经营活动和人民生活创造优美的环境，提高人民生活质量。城镇防火、防洪、防震等城市防灾服务，主要避免各类自然灾害对城镇发展所产生的影响，以增强城镇可持续发展的能力。城镇战备设施服务，主要满足国家安全、国防建设的需求。

公用事业虽然是在城市中产生的，但是从根本上来说，它是社会进步、经济发展和科学发明的产物。因此，它会随着这些因素的变化发展而不断丰富着自己的内涵，从而构成了现代公共事业的内容。

通常，要了解现代公用事业，就必须要明确现代公用事业产品的特点，这些特点具体如下。

1.双重性特点

从其产品属性来看，一定社会的公用事业产品具有双重性。一方面，在一定社会发展条件下，现代社会尤其是城市所提供的公用事业产品，关系着居民日常生活或基本生活的质量，反映着社会的共同需求，关系着公共利益的维护和发展，从而具有公共产品的特点；另一方面，现代公用事业产品又是随着社会的进步和经济的发展，公众在保证基本生存条件的前提下，会进一步提高基本生活质量的可选择的消费。与此同时，由于现代社会个人经济水平仍然存在差异，而这些产品有可替代品，如只要能保证将饭做熟，不一定非得用煤气。因而，消费还是不消费这些产品，消费多少，都具有较大的弹性。在现代社会，由于工商企业大都集中在城市或者是城市周围，因而它们的消费就是一种企业的生产资源，是企业消费。综上所述可见，公用事业产品既是首先满足个人需求或者个性化需求的产品，又是与企业营利相关的消费品，因而更接近于私人产品。

2.垄断性特点

公用事业产品是一种垄断性突出的产品，其垄断性形成的原因主要有三个。

相对于不断增长的人口压力而言，生产公用事业产品的资源基本上都具有稀缺性。其中，用于公共交通修路的土地、水源，产生煤气的煤、天然气，一定范围的电信频道等，都具有稀缺性的特点。除此之外，还有许多资源具有不可再生性的特点，尤其是城市周围的水源等更是如此。资源的稀缺以及为了保护和合理使用资源，往往使资源的生产者具有唯一性或者稀少性，从而产生垄断。

随着城市化进程的加快和城市规模的扩大，公用事业产品的生产一般具有投资大的特点，这让一般企业和个人无力投资，只有公共财政投入或者极少数的企业才有经济实力进行生产，从而容易形成市场垄断。

在现实中，公用事业产品大多数具有非固体实物性，既是在提供一种产品，又是在提供一种服务，公用事业产品通常是生产和服务融为一体，从而使生产和经营都具有较强的垄断性。

3.效益性特点

公用事业产品具有重要的内部收益和突出的外部收益特点，其中，外部收益一般大于内部收益。而内部收益具体表现为：公用事业产品在使社会成员的基本生活有所提高的同时，又满足了个人不同的生活质量需求。除此之外，还给生产者和提供者带来了直接的经济效益。而其外部收益表现为，保证了社会成员作为特定社会或社区成员的基本生活。随着人们生活质量的提高，其体力和智力的发展获得了更好的条件，劳动力质量得以提高，从而为社会经济的发展提供了条件。由于公用事业是城市需要的基础设施部门，是城市赖以生存和发展的物质基础，也是社会扩大再生产必不可少的条件，因而，随着公用事业的不断发展，整个社会的基础设施获得了改善，人的生活质量的不断提高，从而使整个城市或社会协调发展。这也就是公用事业的社会效益，它一般大于所创造价值的直接效益，即经济效益。

总之，公用事业具有的涉及公众基本生活质量与突出的外部收益等特点，具有公共性。它在满足公众提高基本生活质量需求的同时，又具有一定条件下的产品可替代性等，具有私人产品的特征，因而，公用事业产品是一种更接近私人产品的准公共产品。

（二）公用事业活动的管理

1.政府对公用事业的管理

（1）政府对公用事业的管理重点。由于城镇公用事业的特殊性，政府对公用事业的管理，除了制定基本路线、方针、政策，制订好公用事业发展的规划，完善各项法律制度外，在市场经济条件下，政府对公用事业的管理重点应该体现于如下四方面。

第一，维护公用事业建设市场秩序，创造公平竞争环境。在投资资金来源渠道多元化、市场面向国内外主体开放的情况下，政府管理部门在工程招投标、合同管理等方面，需要设置市场准入条件，规范市场秩序，确保公平竞争。在具体制度建设、操作规程方面，要形成有力的约束和保障，以有效防范违法行为。从国内外公用事业建设管理经验来看，要完成这项工作是有一定困难的。

第二，公用事业服务的定价和管制。公用事业服务的定价和管制是一个关键而敏感的问题，既关系到投资者的合理回报，又涉及公众的切身利益，构成各方矛盾的一个交汇点。由于公用事业公共物品的特征，政府必须对其服务进行管制，或者进行公共定价。在公共投资走向多元化，运行机制走向市场化之后，就面临着投资者利益与公众利益如何权衡、兼顾的难题，甚至产生的疑惑。而要想破解如何权衡、兼顾投资者利益与公众利益的难题，可以从两方面入手：一方面使投资者有利可图，合法权益得到保障，激励各类社会资金进入该投资领域；另一方面，社会公众利益受到保护，福利水平不断提高，相对而言，普通城镇居民是弱势群体，需要通过具体制度与机制，特别是决策机制开展公共选择，维护其利益与福利。

第三，服务质量与监管。公用事业投资主体走向多元化，如何保证各类主体提供公共服务的质量，满足社会公共需求，是维护公共利益的主要内容。

第四，划分各级政府公用事业投资管理权限。在我国的建制市中，有三级行政级别，即国务院直辖市（省级）和计划单列市（副省级）、设区的市（地级）和不设区的市（县级），除了与中央和省级政府及其主管部门进行权限划分外，还有其内部各行政级别政府及其主管部门之间的体制问题，需要在集权和分权之间权衡与选择，以及投资管理权限的划分如何走向制度化、规范化、法制化。

（2）政府对公用事业管理基本模式的内容。

1）公用事业产品的生产和提供制度。其内容主要包括理论设定和发展趋势。现具体分析如下。

第一，理论设定。准公共产品既可以是公共生产，又可以是非公共生产；既可以是公共提供，又可以是市场提供或者混合提供。由于公用事业产品具有垄断性，将其完全交由市场生产，就会造成产品的需求不足，因而必须由政府介入限制其垄断性。为此，在现代社会，一般不采用市场提供，其生产和提供的基本组合方式主要包括：公共生产、公共提供（完全由政府生产，采取低收费的方式），公共生产、混合提供（完全由公共财政支出承担生产费用，采取保本微利的原则制定价格向公众提供产品），非公共生产、混合提供（由私人投资进行公用事业产品的生产，政府给予补贴，并对数量和价格进行限制）。

第二，发展趋势。在现代社会中，公用事业产品的生产和提供方式的组合中，最主要的就是公共生产、混合提供和非公共生产、混合提供两种方式。欧洲的许多国家以及大多数发展中国家采取的是前者。使用后者的国家较少，如美国公共生产的优点是便于对公用事业产品的生产进行规划和管理，但是公共财政在面对较大压力的同时，又要面对政府所有权的问题。与此同时，由于缺少必要的服务竞争，公用事业产品的质量和服务一直都存在问题。因此，自20世纪70年代末，以英国的公共企业民营化改革为起点，不少国家都将公用事业产品的公共生产转为非公共生产，这在一定程度上提高了产品的质量，特别是在服务质量方面取得了较好的结果。目前，世界上公用事业公共生产的方式正在减少，但是各个国家都有不同的社会经济发展条件和需求，因而，现在的关键是要从公用事业的基本特点出发，结合自己的国情和公共管理文化传统，去探索最适合自己的公用事业产品的生产和提供方式。

2）公用事业产品市场的价格管理。混合提供的方式意味着政府要对公用事业产品的生产和提供进行管理，而最为关键的就是价格管理。

在价格管理中，最主要的就是价格制定，在制定价格时，需要注意以下方面的问题。

第一，基本价值取向问题。从公用事业产品价格的形成来看，由于公用事业在经营上有较强的垄断性，而且在社会生产和生活中占有重要的地位，具有突出的外部效益，因而其价格形成具有政策约束性。与此同时，公用事业产品是接近于私人产品的准公共产品，需求量大、投入高，因而必须考虑其价值问题。因此，在制定公用事业产品价格时，既要考虑价值—供求关系，又要考虑公众基本需求和社会效益。一般来说，合理的价值取向应该是价格既能够体现经济效益的要求，又能够表现出社会效益的要求。如果在特定的情况下两者发生矛盾，则要以表现社会效益的要求为主。

第二，公众了解和制约问题。公用事业产品是一个涉及公众基本生活质量保证与提高其基本生活质量的产品，它涉及面广，关系到公众的切身利益。因而在现代民主社会中，对这类产品的价格是如何制定的，是否考虑到了公众的基本利益，公众是否享有知情权等，都或多或少地有制约作用。当然，公众对公用事业企业生产产品价格的制约，是要依靠相应的政治制度与具体的政府管理制度来实施的。目前，公众对公用事业产品价格制定的了解和制约，最基本的依据就是价格听证会制度。而要想真正让价格听证会制度发挥作用，就必须要将企业产品成本核算的重要内容公开。公用事业产品在本质上是准公共产品，是涉及公众基本生活和社会公共利益的产品，不论是公共的还是非公共的公用事业产品生产企业，公开必要的生产耗费是它必须要承担的义务。

2.公用事业组织自身的管理

除了政府介入之外，公用事业组织也要对公用事业产品进行管理。在国家既定方针、政策和法律制度下，公用事业自身管理水平的高低，直接关系到社会服务质量的好坏，影响企业生产经营和居民福利。

通常，公用事业组织对其服务的管理需要强调以下方面。

第一，处理好城镇公用事业的自然垄断性与公共利益的关系。供电、供水、供气等城市公用事业具有自然垄断性，但是这些公用事业组织应该利用其特点为公共利益服务，为城镇经济社会发展和人民生活水平的提高创造良好的条件，而不是利用其垄断地位谋取本单位、部门，甚至是个人私利，并且提供的服务质次价高，这样会损害社会公共利益。这是公用事业组织管理中的一个特殊问题，除政府必要的管制之外，公用事业组织自身对此要有正确的认识。

第二，在市场化经济和公共利益最大化之间形成最佳结合点。虽然公用事业具有公共性，但是具体到每一种公用事业，其公共性程度有较大的差异。在市场经济条件下，一部分公共性较小、接近于私人服务的公用事业，可以采用市场化经营的方式，通过适度的竞争，提高运行效率，从而为公众提供优质服务。

第三，加强公用事业建设，促进城镇的可持续化发展。由于公用事业的特殊性，在公用事业组织战略管理中，要适当地超前发展，以满足城镇可持续发展的需求。城镇公用设施往往具有网络化格局，投资额大，建设周期长，涉及面广，政策性强，要依据城镇整体的发展规划，适度地超前发展，才能够适应城镇经济发展，社会进步，以及提高居民生活质量的需求。

（三）公用事业中公共项目的管理

城市公用事业管理的运作过程是对具体的公共事务的处理，在确认了公用事业管理的基本问题之后，公用事业管理便主要以公共项目和方案的方式表现出来。公用事业中的项目管理即公共项目管理，是城市公用事业管理过程中的重要内容。公共项目管理主要包括目标和计划的确立、运作方案的拟订和选择，以及运作方案的实施和修正等环节。

1.公共项目及其要求

从公共政策的角度来看，公共事业管理的主要任务是将由专门的公共机构

（如立法、政府部门等）所制定的公用事业产品政策转化为现实。公共政策是根据公共问题的需要而制定的一系列行为准则，公共政策不是具体行为，仅仅是具体行为的指导原则，也可称之为行为的标准。公共政策要通过公共事业管理机构和人员的行为，通过一定的过程才能转化为现实。所谓公共项目就是把公共政策具体化的行为和过程。

确立和实施公共项目，是中低层公共事业管理机构最主要的任务之一。从公共事业管理的层次来看，中低层公共事业管理机构是直接面对社会和公众的，因而其基本的任务和职责就是根据有关的公共政策，以及上级部门关于公共事业总体的或者某一方面的战略决策，通过对管理范围内具体社会问题的确认，最终形成本部门要实施的公共项目，并且进行管理。由此可见，公共项目直接关系到人们的生活环境和生活质量，是可见与可感知的公共管理行为，是公共事业管理于现实生活中的最集中表现。

如果没有中低层公共事业管理人员把政策原则、战略、管理目标转换成具体的公共项目，不仅有关的政策、战略等无法成为现实，而且公众也就无法看到公共事业管理的作用，更无法认识公共事业管理与自己生活的关系，从而降低其参与公共事业管理的积极性。

一般来说，确立一个公共项目时，需要满足以下五方面的要求。

（1）必须把所要实施的公用事业管理活动划分为必要的行为步骤和阶段，以便能够有效地实现公共事业管理的目标。

（2）必须要仔细考虑每个步骤之间的关系，尤其是与特定的结果之间的关系，它指向于产生某种与一定社区所有成员的利益相一致的结果。

（3）要明确每一步的实施者和责任者，要明确完成该项目的所有管理人员的分工与责任。

（4）要设立明确的时间表，包括每个步骤所需要的时间与完成期限，整个项目的完成日期和每个步骤的完成日期都应该是事先经过深思熟虑的。

（5）要经常检查资源分配与预先规划是否相符合。整个项目的预算应该是清晰而合理的，不能模糊不清或者是不切实际，要对每个步骤使用的资源情况和预算执行情况进行动态检查。

2.公共项目的目标与计划的确立

在确认公用事业管理问题之后，中低层的公共事业管理机构要根据有关的公共事业管理政策和策略，根据具体的公共需求确立本机构的管理目标和计划，这是整个公共项目管理的第一步。

（1）目标的确立。公共事业管理的目标就是将一定的政策或目的具体化，变成可掌握、可衡量、可操作的东西。不同公共事业管理层的任务是不同的，高层管理人员的主要任务是计划、组织、协调和控制，而中低层公共事业管理人员的任务则是实施、执行、运作和评估。因此，不同层次的管理主体所侧重的目标层次各不相同。较长期的目标，对于中低层的管理者来说并不是十分重要，而关系全局和整体的目标主要是由高层管理者去拟订的，他们所需要关注的就是具体的和当前的目标。公共项目的目标就是由中低层的管理机构确定的，即公共项目需要具体的和当前的目标。

公用事业管理项目形成中的目标确立，就是根据公共政策或一定的公共事业管理战略，以及具体的公共问题或需求，选择公共事业管理行为所要达到的具体目的和所期望的实施效果。这一目标属于微观层次，是具体操作的指定性管理。在这一目标确立中，中低层管理人员必须要注意四点：一是有关的公共政策、公共事业管理策略，以及有关本机构及其管理权限和职责的法律规定；二是在本机构管辖范围内具体的社会需求和现实条件；三是本社区内人们之间的各种利益关系，以综合考虑人们获得利益的最佳方法；四是要进行效果预测，包括对目标实现障碍的估计等进行预测。

（2）计划的形成。管理目标确定后，管理人员就应该根据目标制订详细的计划。一般要求在一年内完成公共项目的计划，在计划分类中这属于短期计划。一般来说，制订完整的计划应该从以下四方面入手。

第一，阐述目标，即通过具体而明确的阐述，而且应该尽可能将其数量化，表明所选择的目标是哪些内容。

第二，对客观的环境和各种主观的条件进行分析和评估，确认有利的条件和不利的条件，考虑如何运用有利条件，并且在最大限度上回避或者是改善不利条件。

第三，根据分析列出可能的运作方案，经过比较后选择适当的运作方案。

第四，确定实施这一项目管理的方法，以实现管理的高效率和资源节省的目标。

对于中低层的公共事业管理而言，在形成计划之后，还必须要进一步拟订具体的项目计划书，根据计划制定切实可行的行动方案。这是一项基础性工作。项目计划的合理制订，必须按照确立公用事业中公共项目的基本要求进行。

（3）公共项目的管理。为了有效进行公用事业中的公共项目管理，可以采用目标管理的方法。所谓目标管理，是以科学管理和行为科学理论为基础形成的一套管理制度。其基本内涵是将一个项目的总目标进行分解，划分出若干与总目标相连的具体目标，即一种树状的目标体系，并以目标，即具体的管理结果为依据，明确每个具体目标的负责人、完成时间以及资源配置等。在公共项目管理中，采用目标管理有以下四个优点。

第一，目标体系的建立，有利于明确管理人员的责任，可以减少盲目性，从而达到节省资源、提高管理效率的目的。

第二，目标管理是参与式管理，通常情况下，上级与下级共同明确目标。确定总目标后，将总目标进行分解，逐级展开，让目标的实现者成为目标的制订者，从而促进不同人员参与目标的管理。

第三，根据分解的目标和目标责任制，强调以“自我控制管理”代替“压制型管理”，这就可以使管理人员能够掌控自己的成绩，尽最大的努力将工作做好，从而调动了管理人员的积极性。

第四，由于目标体系的确立和职责的明确，整个过程的控制、监督和评估将会变得更加容易。

当然，采取目标管理的方法也有不足之处，有时容易造成认识上的误区，如项目总目标可以简单地划分为不同的小目标，或者总目标就是小目标的简单加和等，这些认识都是错误的。除此之外，目标管理也对整个公共项目的管理提出了更高的要求，如目标管理要求每个环节上的公共事业管理人员都必须具有高度的责任心、工作热情和创造性。只有这样，才能够确保每一个环节的目标能够如期完成。

3.公共项目运作方案的拟订与选择

决策是任何管理活动中必须要经历的一个环节，决策可以分为程序式决策和非程序式决策。所谓程序式决策，指决策是一个理性的过程，包括一些较为固定的程序式的基本步骤；而非程序式决策，指决策主要是直接和创造性活动的结果，这种决策是一种艺术。根据公共项目本身的特性和其执行者所处的层次，公共项目运作方案的决策是程序式决策。

一般来说，公共项目运作方案的决策分为拟订和选择两个阶段。

（1）公共项目运作方案的拟订。所谓公共项目运作中的拟订方案，就是指对公共项目的目标，即决策的目标进行深入具体的分析、假设、推理和判断，着眼于解决该公共项目运作过程中所遇到的具体问题。拟订方案的价值在于能够为决策提供必需的资源，指出实现公共项目管理目标的途径。决策的关键在于选出最优方案，拟订方案的结果就是为决策提供所需的资源，通过在多种备选方案上择优或者综合选择，从而获得满意的实施公共项目的运作方案。

公共项目运作方案的拟订，具体可以从以下两方面着手。

1）拟订原则。拟订方案要有目的，要有意识地拟订公共项目的目标，在进行方案拟订时要遵循一定的原则，这些原则具体如下。①可行性原则。在拟订方案的过程中，必须从实际出发，根据公共项目实施的客观环境条件来制定公共项目的运作方案，从而使运作方案具有可操作性，最大限度地接近管理目标。所谓客观环境，主要是与项目有关的人力、物力、财力、科技能力和实施时间要求等条件，以及其发展变化的基本趋势。②详尽性原则。多方案比较是做出科学决策的基础，在拟订方案的过程中，应尽可能拟出包括所有实际可操作的方案，尽可能不遗漏任何一个可能通向目标的途径。③互不兼容原则。所拟订的多个备选方案之间必须要有原则的区别，是不可兼容的。

2）可行性分析。拟订方案是公共项目决策中的重要环节，是关系着其他环节能否正常运行的环节，因此，为保证和增加拟订方案的可靠性和可行性，就要进行方案的可行性分析。可行性分析通常是由研究人员、专家和实际工作人员对方案的可行性提出问题，方案制定人员进行答辩与论证，完整的可行性分析应该包括三个方面。①限制因素分析。任何一个方案都是在一定条件下进行的，因而必须分析论证方案所限制的资源、时间、技术及其他相关条件，分析方案在哪些条件下可以实行，在哪些条件下无法实行。②潜在问题分析。在方案实施过程中可能会发生哪些问题和障碍，若发生这些问题和障碍之后，有没有进行补救的可能以及如何进行补救。③结果分析。分析方案所设定的实施预期结果与公共项目实施基本目标的一致性及其程度，以及这一公共项目运作方案的社会效益、经济效益及其影响等。

（2）公共项目运作方案的选择。所谓公共项目运作方案的选择，就是管理者在对所制定的多种备选方案进行全面的对比和评价的基础上，根据一定的标准，最终选定运作方案的过程。在方案选择阶段，最常用的判断标准有两种：满意标准和合理性标准。满意标准主要是强调决策者在收集信息、拟订方案、选择方案和实施决策阶段，不是绝对的满意，只是相对的满意。而合理性标准则强调必须尽可能发挥决策者的努力，通过审视决策各个阶段的工作质量，最终决定决策的正确性和有效性，而不仅仅在于决策时采用某种标准。每一种标准都有其优势和劣势，在具体的实施过程中都会运用。而为了应对发展的多变性，应该将两个标准结合起来，努力来获得相对满意的结果，从而获得最优的决策。

4.公共项目运作方案的实施与修正

在公用事业的公共项目管理活动中，一旦对运作方案做出决策，接下来就要全力实施方案，使管理目标和相应的决策变成具体的行动，以获得预期的效果。实际上，决策目标的实现不仅依赖于最佳行动方案的合理选择，而且依赖于决策执行的最后结果。而决策的实施是一个过程，这个过程大概经历了三个阶段：准备、落实和评估。

（1）实施的准备阶段。这个阶段主要是为决策的贯彻落实做好前期准备工作、创造必要的主客观条件。在这个阶段，主要做好这四个基本工作：一是制定实施方案，进一步把决策目标分解为具体的执行目标或阶段目标，从而确定具体的、具有操作性的行为步骤；二是做好思想准备，运用新闻媒体、会议、公文等多种形式进行广泛的信息沟通与传播工作，使公共项目的具体执行者、决策者影响相关的公众，使其充分理解公共项目的价值、内容及其影响，从而对所要实施的公共项目产生认同感，在心理上、精神上和思想上做好参与和配合公共项目实施的准备工作；三是提供组织和人力支持，根据所抉择运作方案的要求对公共事业管理机构进行重组，按目标管理的要求将任务层层落实到具体的组织机构、部门和管理人员上，与此同时，要制定出相应的规章制度；四是保障财物供应，要根据决策目标和实施方案，进行详尽的开支预算，筹措所必需的各种物资材料。

（2）实施的落实阶段。在进行了必要的准备之后，运作方案将进入实施阶段。这一阶段的主要任务是根据需要设立一定的指挥中心，努力做好沟通与协调工作，并进行有效的控制。在这一阶段，要对运作方案的可靠性进行验证，而能否正确有效地进行验证关系到运作方案的控制失效与成功。控制失效可能会发生在实施过程的任一阶段，从而产生早期失效、偶然失效和耗损失效。早期失效指的是在决策实施早期所发生的失效。这种失效可能有两方面的原因：一方面，是由于传统习惯的阻力和人们对公共项目的不了解；另一方面，是在制定政策时出现失误或者脱离实际。前者的解决办法是进一步进行宣传、解释和推动工作，而后者的调整办法就是应该撤回或者修订已经做出的决策。偶然失效指的是运作方案实施进入中期时发生的失效。在进入实施中期后，由于前期的控制和适度调整，实施情况渐趋正常，失效的情况逐渐减少。这时有可能会出现失效，但是这种失效往往是由于一些偶然因素造成的。此时，要根据失效的影响大小来决定是否需要调整及如何调整。耗损失效指的是在方案实施的后期出现的失效。当方案的实施进入后期，由于环境和情况都发生了较大的变化，而这一后期的变化往往是较难预测准确的，因而运作方案与实际情况不适应的状况会不断加剧，方案的失效率也就会随之上升。对耗损失效应该做出量的分析，从而决定是否有必要制定新的决策方案。

（3）实施的评估阶段。运作方案落实之后，应该对整个活动过程与效果进行检查和评估，以总结经验教训，为今后的决策实施工作提供借鉴。与此同时，也要对决策本身的正确与否加以检验。评估阶段的主要内容是效果检验和绩效考核。前者是指将落实后所产生的结果与预定的决策目标相对照，看实施的效率与结果如何；后者是指对整个公共项目实施中有关组织机构和人员的贡献、能力、控制与管理水平等进行评价。

全面、正确的项目评估，不仅是公共事业组织优化资源配置、提高项目效益、降低风险的重要手段，还是体现国家宏观经济发展规划和投资政策，是实现项目决策与管理的科学化、民主化、规范化和法制化的重要措施。它可以给政府、公共事业组织等建设主体在进行项目决策时提供依据，以促进项目决策和管理的科学化和民主化管理。在项目实施阶段结束之后，项目评估提供的数据能够为项目是否需要进行修正以及如何修正提供参考。

第三节　事业单位经济管理的内部控制

一、事业单位内部控制的认知

关于事业单位内部的控制，可以从以下方面进行分析。[①]

（1）内部控制理念为先。内部控制一定是从防控风险的目的出发而设置的一个管理控制体系，单位做内部控制不是只做给别人看，一定是领导者有风险防范的意识和理念，是高层管理者结合单位发展需求与目标，以及管理现状而形成的一种必要性判断，具体化为一系列特殊的管理控制活动。所以，内部控制一定是理念为先，没有理念支撑的内控就像是无源之水，不能持续地进行。

（2）内部控制重在过程。内部控制一定是在具体的业务过程或管理过程中形成的一个体系，以控制业务活动方向，调整管理活动的力度，保证风险可控，以让业务活动和管理活动合理可行。

（3）内部控制效在方法。内部控制的方法有多种，可以有所选择地使用。选择内部控制的方法，应该依据工作对象选择好用、效率高的。具体的控制环节一定需要与合适的控制方法相匹配，才能做到有效控制。

（4）内部控制依托制度。依托制度的管理控制是现代管理的基本职能之

① 杨武岐，田亚明，付晨璐.事业单位内部控制[M].北京：中国经济出版社，2018.

一，内部控制的实施一定是以防控风险为出发点，形成独立的或与其他制度相融合的管理制度体系。内部控制的依据一定不仅仅是内控手册，手册是对核心控制内容的要求。与此同时，单位执行的各种各样的制度也是内控体系不可或缺的依托。

（5）内部控制需要环境。内部控制的有效性和内控实施的环境相关。内部控制环境主要包括：组织使命、组织文化、核心价值观、社会责任、发展方针、运营理念和战略目标、领导素质、权限分配、组织架构、人力资源政策等。庄稼需要好的土壤才能生长和收获，好的内部控制一定要与相应的内部控制环境相匹配，这样才能有效发挥作用。所以，内控设计要考虑内控环境的影响，内控实施需要不断优化内控环境，以提升内控和环境的匹配度。

二、事业单位内部控制的原则

事业单位建立与实施内部控制时，应该遵循下列原则。

（1）全面性原则。内部控制应该贯穿单位经济活动的决策、执行和监督的全过程，以实现对经济活动的全面控制。内部控制应该覆盖单位的全部经济活动，以实现全方位控制；应该将内部控制的思想、制衡机制和控制措施落实到经济活动的各个环节，以实现全过程控制；应该对单位所有相关人员，包括对单位负责人进行控制，以实现全员控制。

（2）重要性原则。在全面控制的基础上，内部控制应该关注单位重要经济活动和经济活动所存在的重大风险，对本单位的重要经济活动的业务环节采取更为严格的控制措施，对经济活动的重大风险环节采取更为严格的控制措施。

（3）制衡性原则。内部控制应该在单位内部的部门管理、职责分工、业务流程等方面相互制约和相互监督。内部控制要确保不同部门、岗位之间权责分明、相互制约、相互监督。与此同时，要兼顾运行效率。

（4）适应性原则。内部控制应该符合国家有关规定和单位的实际情况，并随着外部环境的变化、单位经济活动的调整和管理要求的提高，不断修订和完善。内部控制应该与本单位性质、业务范围、经济活动的特点、风险水平相适应。内部控制应该与所处内外环境相适应，根据新的变化和要求及时完善制度、改进措施和调整程序。

三、事业单位内部控制的方法

事业单位内部控制的目标是通过采用具体而有效的控制方法来达成的。控制方法是为控制某项风险而有目的地采取的方法，控制方法应用到具体业务过程便是具体的控制措施。通常，事业单位经常采用的内部控制方法主要有以下方面。

（1）不相容岗位相互分离。合理设置内部控制关键岗位，明确划分职责权限，实行相应的分离措施，形成相互制约、相互监督的工作机制。

（2）内部授权审批控制。明确各岗位办理业务和事项的权限范围、审批程序和相关责任，建立重大事项集体决策和会签制度。相关工作人员应该在授权范围内行使职权、办理业务。

（3）归口管理。根据本单位实际情况，按照权责对等的原则，采取成立联合工作小组并确定牵头部门或牵头人员等方式，对有关经济活动进行统一管理。

（4）预算控制。强化对经济活动的预算约束，使预算管理贯穿于单位经济活动的全过程。

（5）财产保护控制。建立资产日常管理制度和定期清查机制，采取资产记录、实物保管、定期盘点、账实核对等措施，以确保资产的安全、完整。

（6）会计控制。建立健全本单位财会管理制度，加强会计机构建设，提高会计人员业务水平，强化会计人员岗位责任制，规范会计基础工作，加强会计档案管理，明确会计凭证、会计账簿和财务会计报告处理程序。

（7）单据控制。根据国家有关规定和单位的经济活动业务流程，在内部管理制度中明确界定各项经济活动所涉及的表单和票据，要求相关工作人员按照规定填制、审核、归档、保管单据。

（8）信息内部公开。建立健全经济活动相关信息内部公开制度，根据国家有关规定和单位的实际情况，确定信息内部公开的内容、范围、方式和程序。

第四节　事业单位经济管理行为与创新模式

一、事业单位经济管理行为

我国的社会主义性质决定了事业单位的数量庞大，其涉及职能范围极广，而且还承担着发展我国经济与文化的重任。因此，事业单位日常工作的及时高效开展，对满足广大人民物质文化生活需求意义重大。当前，在市场经济不断完善与发展的前提下，我国事业单位财政经费来源也日渐广泛，这就要求其在经济管理中树立风险意识，以确保该单位的长期稳定发展。①

在事业单位实施经济管理极为重要。其主要原因如下：在事业单位实施经济管理可在一定程度上降低成本，实现该单位资本效益最大化；由于经济管理存在一定双属性，在当前市场经济快速发展的前提下，事业单位经济体制也随之发生了较大的变化，已经由传统的计划经济转变成市场经济。这就要求事业单位在服务社会的同时，还须将产品所产生的效益情况纳入该单位的经济管理中，这样才可以促进其经济收益有效提高。

（一）事业单位经济管理行为存在的不足

（1）优质人才欠缺。由于计划经济的影响，很多事业单位在发展过程中未

① 李红梅．浅谈事业单位经济管理行为的策略 [J]. 财经界（学术版），2016，（03）：117.

能高度重视本单位的经济管理。究其原因，主要是由于大部分事业单位未设立专门负责本单位经济管理相关工作的部门，而且也比较缺乏高素质的经济管理人才，而经济管理的工作均由本单位财务部门工作人员负责。这就导致经济管理停留于财务层面，预算管理、无形资产管理与成本费用控制均未能得到足够重视，进而导致经济管理工作难以与本单位发展步伐相适应。

（2）经济管理体制不完善。目前，我国一部分事业单位经济管理体制尚不完善，从而对单位的经济管理工作的有效实施产生不利影响。除此之外，很多事业单位对相关政策与规定仍然缺少了解，这就让经济管理制度的制定与完善缺少相应的依据。另外，部分事业单位依然应用传统管理方法，导致其在经济管理上难以进行彻底改变，进而让经济管理的作用不能真正发挥出来。

（3）资金、资源大量浪费。当前，一部分事业单位资金的使用缺少合理性，尚未将政府财政拨款纳入单位实际需要与发展重点上，很多单位将资金用在盲目建设上，从而使得一大部分建设工作缺少实用性。最为典型的是，在部分事业单位，某一新任领导上任后，为了提高该单位业绩多会通过项目建设，却没有充分考虑这些建设项目的实用性，造成大量资金与资源被浪费。

（4）单位内部财务风险尚未被充分认识。以往事业单位其主要经济来源于国家支持，因而不存在经济风险，这也导致很多事业单位领导人未能充分认识本单位在财务上所存在的风险。目前，随着社会的不断发展，事业单位经济费用的来源更为多样化，因而其经济存在一定风险。很多单位领导人受计划经济影响，对本单位财务风险未能进行充分认识，从而导致该单位资金使用无规则、无规划，这在很大程度上增加了事业单位的财务风险。

（二）事业单位经济管理行为的应对策略

作为事业单位，在进行经济管理时，要运用以下这些策略。

（1）加大优秀经管人才培养的力度。事业单位加大对优秀经管人才的培养力度可从以下这些方面着手：在开展经济活动时，事业单位应该以成本效益为基础，在确保本单位实现所需社会效益的同时，又要对资源配置进行合理优化；事业单位须不断提升经济管理人员的整体素质，培养高品质的人才，以吸引优秀队员加入。除此之外，还应强化对现有员工的专业培训工作；事业单位可通过建立专业部门来主导本单位的经济管理工作，通过专业部门与专业人才来处理专业工作，从而促进单位员工对经济管理的积极性、主动性，强化其经济管理意识。

（2）增强对单位内部管理制度的优化与完善力度。加大对事业单位机构内部经济管理行为的改革力度，在遵循相关法律法规的前提下，制定并完善事业单位内部管理制度。在后续的具体实施过程中，则须将所制定的相关管理制度彻底落到实处，以防止管理制度流于形式，而无实际效果。

（3）加强对财务预算管理的力度。财务预算是开展各项经济管理工作的核心环节。通常，事业单位在对下一年度资金分配进行规划时，应该以当年与往年资金使用具体情况为参考，以达到资金的合理分配，实现收支平衡。这就要求事业单位在资金分配时要将公共机构财务报表进行财务预算，并于年终对单位资金的使用情况进行总结评估与分析，以为下年财务预算提供科学参考。

（4）提升财务风险意识。处于市场经济背景下的事业单位应该紧跟时代的步伐，摒弃原有的落后思想，对经济管理中可能出现的财务风险予以规避。因而，新形势下事业单位应该强化经济管理部门领导人与工作人员的风险意识，未雨绸缪，对本单位财务运作进行规范，建立相应的风险预警体系，以促进本单位风险应对能力的有效提高。

事业单位实施有效的经济管理行为可以促进其稳步发展。增强工作人员财务风险意识、培养优质人才、完善相关管理制度、严格财务预算管理等措施，都有助于我国事业单位更为稳定、健康地发展。

二、事业单位经济管理创新模式

由于事业单位的特殊性，其经济管理工作非常复杂。目前，随着我国各项事业不断深化改革，事业单位的经济管理也取得了一定的成就，但是事业单位的经济管理工作依然面临着不少问题。在全新经济形势之下，事业单位要想更加高效地开展经济管理工作，就需要依据当前市场经济体制的改革需求，对单位的经济结构进行优化调整，促使事业单位的成本目标收益得到提升，有效降低生产运营成本，确保在规定时间内完成预设的经济目标，最终提高社会和经济效益，让事业单位的经济管理工作迈上一个新台阶。

（一）事业单位经济管理创新模式存在的问题

1.重视度不够

在很多事业单位，一些领导和管理人员不太重视经济管理工作，特别是在财务管理上掉以轻心，既缺少基本的财务管理知识，又对财务管理的相关法律法规不了解。由于领导和管理者的疏忽大意，在单位财务管理过程中存在着执法意识淡薄、执法不到位、不能够严把财务关的现象，不能够将相关财务知识的学习纳入正常工作当中，从而造成了事业单位财务管理的混乱。除此之外，很多事业单位对财务和业务不能进行有效的管理，两者之间相互脱节，这些行为都使得事业单位的财务管理工作不能够发挥其相应的作用，既影响到事业单位的健康发展，又影响到各项机制法规的正常执行。

另外，还有一些事业单位，总是侧重于经费支出、内部审批程序等基础性的会计工作，不重视自己单位的预算管理、资产监督、财务分析等工作。事业单位内部的财务管理工作过于简单，经济管理模式残缺不全，使得事业单位的财务管理模式不能够适应新经济常态下的发展要求，不能够紧跟时代发展的步伐，结果，让资金得不到有效的发挥，或资金严重浪费，从而不能够获得相应的效果。①

2.预算编制不完善

在事业单位的经济管理工作中，预算管理是一个十分重要的组成部分，预算管理往往与事业单位的经济效益直接挂钩，有效的预算管理能够提高资源的利用效率，保证企业获得良好经济效益。但是很多事业单位在进行预算编制和预算执行时，没有认识到该项工作的重要性，采用的工作方法比较单一，从而不能够满足新经济形势之下经济管理工作的需求。另外，很多事业单位的预算编制比较仓促，在编制之前没有进行有效的论证和分析方案，缺乏科学性，不符合事业单位的发展要求。

---

① 孙大光，高雪莲，李黎.新经济形势下事业单位经济管理创新模式研究[J].科技经济导刊，2020，28（22）：182+181.

除此之外，在预算收支管理过程中还普遍存在预算外收支和支出管理不规范的现象，这一现象的出现不仅会造成财务相关工作的混乱，而且很容易使事业单位的经济管理陷入窘境。与此同时，还有一些事业单位借助财务管理漏洞，将应该纳入单位管理预算外的资金统一纳入整个预算案当中，对资金的使用进行了隐瞒，甚至私自占用单位资金。再加上一些事业单位的考核监督机制不到位，各项监督审核只是停留在表面，流于形式，从而不能发挥其应有的监督作用。

3.财务人员专业素质不高

财务人员专业素质不高，是造成事业单位经济管理工作效率难以提升的一个主要因素。很多事业单位财务人员的学历与受教育水平普遍较低，在上岗之前也没有进行系统化的专业培训，这些工作人员的财务管理观念比较陈旧，又缺少财务方面的基础知识，不能够运用新的管理方法，适应新的管理环境。由于他们一直坚持运用传统的管理方式，从而让事业单位的财务管理效率较低，管理质量较差，很容易出现人为的疏漏。再加上很多事业单位的财务管理工作比较薄弱，其很多财务人员经常在基础财务管理方面出现这样或那样的问题，从而给经济管理工作造成了严重损失。

（二）事业单位经济管理创新模式的对策

1.构建完善的事业单位财务管理机制

作为事业单位的领导人员，必须提高认知，坚持从自身做起，以身作则，要用正确的思想观念和理念促进事业单位更好地发展。作为事业单位的领导人员和管理层，应该认识到事业单位经济管理工作的重要性，而且要树立全新的财务管理理念，注重做好事业单位的管理成本控制；要树立良好的成本观念，更好地把握事业单位的财务管理风险，并结合经济改革的趋势，对事业单位的管理方式做出适当调整。与此同时，领导人员和管理层还要树立市场化的发展理念，要面向市场实现资源的高效利用，从而积极壮大经济实力。

除此之外，在经济管理工作中，还要求领导人员实施宏观调控、总揽财务、严格单位内部监督机制等工作，要进一步提高事业单位内部经济管理的监督管理意识，进行科学有效的监督管理，规范经济管理行为。当然，也要进一步提高财务管理人员的招聘门槛，按照竞聘上岗的机制逐渐净化工作队伍，要保证招聘到的财务人员既具有专业证书，也具有高素质的专业能力。而对于事业单位内部的审计部门而言，还应该注重做好财务管理的监督检查工作，及时发现和纠正财务管理过程中所出现的问题，及时发现违法乱纪行为，并采取解决的措施。

2.加强预算管理工作

预算管理是事业单位经济管理的一个重要组成部分，只有加强预算管理，才能够提高资源的利用效率。在预算管理工作中，要保证预算管理的精确性和合理性，要结合事业单位的实际发展情况，清楚预算编制的准备期并适当延长，从而对事业单位的预算进行全面掌握和有效控制，合理地安排编制时间，保证整个方案编制的科学合理。在制定事业单位预算方案时，应该对事业单位内部的收支情况进行一次全面的统算和管理，以保证各项分配制度科学合理。与此同时，还要积极争取单位职工的意见和想法，掌握各个部门的意见，在汇集各种意见之后，召开相应的讨论会议，从而制定出最合适的预算管理方案。

3.提高财务管理人员的专业素质

财务人员的专业素质对企业单位的经济管理有着最直接的影响，因此要切实做好财务管理人员的专业素质培训教育工作，构建完善的培训机制，全面提升整个工作队伍的专业素质和工作能力。事业单位必须配置专业的财会教师，对相关人员进行在职培训。另外，还应该加大培训力度，保证培训方案的合理性，并且要明确具体的培训周期和培训时间，努力提升整个工作队伍的专业素质，确保他们能够全面掌握相关的法律法规和专业技能。

在新经济常态下，事业单位应该顺应时代发展的潮流，不断吸收社会出现的创新管理要素，深刻认识到现阶段事业单位经济管理模式所面临的多种制约和不足之处，对现行的经济管理模式进行不断的创新，提升事业单位的整体经济管理水平和管理能力，确保资金使用的科学与合理，最终实现事业单位经济工作的健康与可持续发展。

| 第六章 |

现代事业单位经济管理实践研究

在现代社会不断发展的大形势下，事业单位在发展过程中所面临的竞争压力也越来越大，因而促使事业单位实现稳定持续的发展十分必要。为了能够使事业单位更好地发展，应该注意加强各个方面的管理工作，而经济管理就是其中比较重要的一个方面，可以为事业单位的发展提供较好的支持与保障。本章重点论述事业单位内部控制规范的实施、事业单位资产管理及其实现路径、现代经济管理模式在事业单位中规范化的应用。

第一节　事业单位内部控制规范的实施

事业单位内部控制规范的实施具有重要的现实意义，不仅可以提高管理效果，还可以强化内部控制，加强廉政建设，因此，探析事业单位内部控制规范实施方法十分必要，通过加强宣传培训、注重审计监督、强化项目资金管理、规范业务流程等方式以确保事业单位内部控制的有效实施。

一、事业单位内部控制规范实施的问题

目前，事业单位在内部控制上，存在以下这些问题。

第一，内部控制观念薄弱。在事业单位，一直有重业务、轻管理的问题存在，而且内部控制观念较为薄弱。通常，单位负责人是内控制度的组织者，在内控管理过程中发挥着非常重要的作用，但是一些单位的负责人却对内控知识缺少必要的了解，对内部控制的作用与意义缺少认识，影响了内部控制制度的开展实施，不利于内控工作的顺利开展。再加上内部控制观念薄弱，对内部控制的认识不清，因此，即使出台了内部控制规范，在一些事业单位中却难以实施；即使进行了实施，也过于形式化，不仅实施效果不理想，宣传力度也较差，从而无法创设良好的内部控制环境。[①]

---

① 李宁，赵宁.事业单位内部控制规范实施方法探析[J].现代经济信息，2018，（08）：147.

第二，内部管理制度不够健全。事业单位有一套独立的财务管理制度，其核心内容以财务部门为主，与其他部门的联系较少。可是在实际操作过程中，由于内部管理制度缺少必要的规范性，执行力不强，极易出现制度得不到指导、制度与工作实际相脱节等问题，也易出现职权分工不明确、互相推诿等问题，影响制度的顺利实施。

第三，业务开展缺少规范性。目前，业务开展不规范是一个较为常见的问题，事业单位内部控制工作主要停留在核算与付款上面，以至于部分会计基础工作难以开展；财会人员业务素质能力明显不足，没有按照一定的业务规范进行工作，影响了内部控制的规范性，不利于事业单位内部控制工作的实施。除此之外，在预算管理方面，虽然我国预算体制不断改革、不断完善，但是大多数事业单位内部管理制度缺少细节，预算支出的约束力不够，超预算、无预算等问题经常发生。

第四，岗位设置不够合理，部分不相容岗位不分离，在内部控制管理过程中，存在岗位设置不合理等问题。虽然我国事业单位人员的编制有严格的限制，编制相对紧张，但是也存在岗位设置不合理、内部一人多岗等问题，一些不相容的岗位互相兼容，一些应该分离的岗位并未分离，这自然加大了风险防范的难度，从而不利于工作的开展。

二、事业单位内部控制规范实施的建议

（1）加强宣传培训。在事业单位内部控制规范落实过程中，加强宣传培训十分重要，通过加强宣传培训，能够提升相关人员的重视程度，使相关人员意识到内部控制的重要性，从而解决内部控制规范意识薄弱等问题，推动事业单

位内部控制规范的实施，使其发挥应有的作用。

加强宣传培训需要注意两方面内容：一方面，进行专题讲座与培训，在培训过程中，需要树立内控理念，使单位的工作人员能够意识到内控制度的重要性，为内部控制制度的有效实施创造有利的条件；另一方面，加强宣传培训，促进内部控制制度的贯彻落实十分重要，这需要确保单位全体职员的共同参与，以促进各部门协调工作，确保制度的顺利实施。

（2）加强事业单位内部审计监督机制。在事业单位内部控制过程中，建立事业单位内部审计监督机制是内部控制规范实施的关键环节，是确保内部控制工作顺利开展的关键，通过建立审计监督机制，可以保证其独立性，制定一系列的内部控制制度，坚持内外结合，以确保工作的顺利实施。首先，加强事业单位内部审计监督机制，需要准确把握内部控制制度的薄弱环节，进行合理的分析，找到容易造成损失的失控点，利用经常性、连续性的审计监督，提高内部控制管理水平，加强内部控制，以便取得理想的内部控制效果。其次，将内部控制审计作为重要内容，了解审计单位的内部控制情况，确保内部审计工作的开展与实施。最后，在审计实施阶段，需要注重预算管理，采购管理与收支管理，注重内部控制制度的执行情况，进一步完善治理结构、完善内部控制制度实施的环境。

（3）强化项目资金管理。在事业单位，要想做好内部控制工作，就要明确内部控制规范，尤其要做好项目资金管理工作，不仅要取得理想的资金管理效果，还要取得理想的内部控制效果。而在强化项目资金管理上，则需要注意两点。

第一，建立项目资金管理方法，强化绩效结果，推行项目绩效管理。在强化资金管理过程中，需要按照相关程序进行审核批准；在重大资金拨付上，需要以集体形式进行决策，确保资金管理的科学性与合理性，从而强化项目资金的管理。

第二，注重项目资金管理的流程，严格按照流程办事。首先，需要要求用款单位提出申请，并进行预算指标审核；其次，需要项目领导进行审批，财务负责人进行审批等，在重大资金拨付上，还需要单位最高领导审批；最后，进行资金拨付。由此可见，根据项目资金流程强化项目资金管理十分重要，做好强化项目资金管理工作切实可行。

（4）规范业务流程，强化预算。在事业单位内部控制过程中，规范业务流程，强化预算尤为重要，这是事业单位进行改革的重要环节，是加强内部控制的关键环节。因此，规范业务流程、强化预算具有重要的意义。规范业务流程，强化预算需要注意两点。第一，严格执行招标管理以及采购等规定，定期盘点，对相关岗位进行分离，确保岗位的合理性、制度的合理性。与此同时，要进行岗位的轮换。第二，建立一套科学有效的预算体系，充分发挥预算控制作用，做到专款专用，加强预算绩效管理，进行预算执行监控，完善预算完成评价，达到规范业务流程、强化预算的目的。与此同时，要通过科学的预算体系，严格的规定确保内部控制工作的开展与实施，从而提高内部控制管理效果与内部控制管理水平。

综上所述可见，由于内部控制工作还处于起步阶段，内部控制体系还不完善、不健全，还存在较多问题，因而，可以根据相关规范建立起科学、合理的内部控制制度。与此同时，要将责任落实到个人，做好审计监督工作，促进内部控制工作的长远发展，以确保事业单位管理活动的有序、高效、规范进行。

第二节　事业单位资产管理模式设计及其实现路径

事业单位是履行公共服务职能的重要部门，它涉及的领域越来越广，在社会生活中发挥着越来越重要的作用。事业单位资产占国家总资产的比例比较高，加强对其资产管控，一方面，能够提高事业单位本身的资产使用效率，发挥资产的功能；另一方面，也是对国家资产的保护，防止国家资产的流失。而做好内部管控，进行有效的模式设计，寻找最佳的实现路径能够让事业单位的资产管理更加高效，这对于整合事业单位资源，提高其经济效益具有极大的帮助。①

一、事业单位资产管理模式设计

按不同单位的性质分类，事业单位资产管理模式设计具有如下两大类别。

第一，行政类事业单位资产管理模式设计。行政类事业单位资产管理问题较少，单位业务简单，流程清晰。理想的行政类事业单位资产管理应该不断推进信息化建设和对内部监督进行完善，做好单位内部控制的完善工作。在制度的推动下，对单位资产管理层面上的缺口进行弥补。一个好的行政事业单位资产管理模式，应该建立良好的内部环境、健全的风险评估机制、有效的控制活动、充分的信息与沟通、及时的监督，这五大要素要良性发展。对于其中的薄

---

① 黄自瑜.基于内部控制的事业单位资产管理的模式设计与实现路径[J].行政事业资产与财务，2016，000（002）：10-11.

弱环节——信息与沟通、内部监督，则要加强建设。

提高信息沟通在于单位内部现代化信息技术的应用，构建自己的网络，开拓员工的思维，让更多单位工作人员掌握先进的信息化技术，并要熟练应用先进的信息化技术，从而将信息及时传递。提高内部监督在于由上级单位的资产管理部门、国务院国有资产监督管理委员会、审计局对本单位的资产管理形成会同监督，三者相互牵制，提高单位内部监督的积极性。建立内部控制评价制度、党委纪检和监察制度、内部审计制度，从整体上完善内部监督体制。

第二，公益类事业单位资产管理模式设计。公益类事业单位需要根据自身的特殊情况进行资产管理，因为其业务范围较广，具有一定复杂性，加上专业性较强，相较行政类事业单位管理流程较为复杂，难度较大。其理想的管理模式应该是进行流程化设计，与单位的其他业务相互融合，构建了一个全面、系统的管理信息体系。与此同时，其应该辅以服务对象的反馈机制和单位内部的事务公开机制，在整体过程中将绩效评价和风险管理贯穿于其中。建立系统的管理信息系统能够让事业单位形成更加规范化的制度流程，将资产管理的目标与公共服务的效果和效率相挂钩，以保证管理有方法、服务有效果、资产有控制。

二、事业单位资产管理实现路径

事业单位要想进行资产管理，可通过以下这些路径。

第一，加快信息化推进进程。全面推进事业单位的信息化建设，缩短信息化发展进程，能够有效提高事业单位资产管理水平，并可以对单位资产进行汇总、整合，从而具有实现资产的最大化优势。首先，事业单位管理层要认识到信息化建设对资产管理的重要性，以提高资产管理的信息化意识，并进行全面推广；其次，单位相关部门要对资产进行汇总、统计，将资产的实务管理、价值管理、资产使用、预算管理等进行整理与集中，以防止资产统筹方面的疏漏；最后，根据单位需求，结合资产实际情况对信息化系统进行设计，在设计的过程中要注重安全性，建立适合自己业务要求的信息化应用系统。

第二，加强制度建设。制度的完备和实施能够很好地管控资产管理中出现的漏洞，对资产的管理能够具有较好的控制作用。首先，事业单位要确立资产管理的目标，一般需要在保值的前提下进行合理增值，也要兼顾公平公正，做好战略目标的制定。其次，要结合本单位的实际情况进行制度的制定，对单位的资产管理情况进行调查研究，既不能盲目追求资产效益，也不能仅仅追求资产的节约；既不能过分追求商业化，也不能过于保守。要坚持在利益中寻找平衡点，这样既能够满足收益的需求，又能够避免资产的浪费。最后，及时收集职工对于制度执行的反馈情况，针对工作人员所反映的问题进行制度的完善，力争让制度的制定与单位的各项工作相契合。

第三，加强预算控制和授权审批控制。当前事业单位的资金一部分来自政府财政支持，加强对预算的控制能够很好地对财政拨款进行优化使用，保障财政资金的合理配置。与此同时，要做好资产使用的授权审批控制，能够有效杜绝单位对资产的随意使用和浪费，促进资产的合理规划。具体可从以下几个方面着手：首先，从国家层面要对事业单位资产配置预算给予重视，指定专门部门在调查研究的基础上对其资产管理进行预算计算，统筹预算方案；其次，事业单位相关部门要建立资产管理的预算管理体系，形成事前规划阶段、事中控制阶段和事后记录阶段全方位的预算系统，将资产管理的全过程都纳入预算管理中进行管控；最后，加强资产使用的授权审批控制，保证财政资金的使用效率和使用效果。审批过程，一定要将责任落实到人，建立权责一致的相关体系和制度。

第三节 现代经济管理模式在事业单位中规范化的应用

作为一种经济理论，事业单位经济管理被广泛应用。它所具有的功能优势主要涵盖三个方面：对事业单位预算的分析、成本风险的管控以及项目资金的优化配置，从而保证事业单位在运行期间，在资金合理化配置的前提下，实现施工进度的顺利推进，有效保障事业单位效益。

一、现代经济管理模式在事业单位中规范化应用的必要性

第一，构建稳定的事业单位经济管理机制。通过规范化的管理模式不但可以帮助事业单位构建稳定的经管结构，而且能够对事业单位的人员配置进行系统性优化，这对于事业单位实现可持续发展具有极为重要的意义。高层管理人员是事业单位的管理者与重要指挥者，其管理能力的高低对于事业单位的经济效益和市场竞争力具有决定性的作用，所以必须要将事业单位管理人员的工作细化处理。与此同时，还要运用科学的方式来强化全体管理人员的能力。如果沿用传统的管理模式只会使整个管理结构变得冗余，而运用现代事业单位经济管理模式就能够在短时间内完成高层人员对中、低层人员的工作分配，并且还能够强化各部门间的执行力，这对于构建稳定事业单位经济管理机制影响深远。[①]

---

① 曹庆喜.规范化的现代经济管理模式在事业单位中的应用[J].现代经济信息，2019，（24）：122.

第二，有利于事业单位经济目标的规划。传统的事业单位经济管理模式结构松散，各个部门之间的联系不强，而且也不能够为事业单位制订一个有利于经济发展的正确规划，从而导致事业单位在激烈的市场竞争中举步维艰。而通过规范化的现代事业单位经济管理模式，就能够顺利地为事业单位制订正确的经济发展规划，让事业单位能够按部就班地做好资料的收集以及市场数据的分析，从而为提高事业单位核心竞争力提供重要的数据基础。值得注意的是，事业单位在做好目标规划之后，还要做好相应的审核工作，这样才能够让事业单位发展具有科学性与合理性，从而为扩大事业单位在市场中的影响力与经济效益做好充分准备。

二、现代经济管理模式在事业单位中规范化应用的策略

第一，建立完善的内部控制管理体系。内控管理与事业单位的发展和进步关系密切，事业单位应该建立健全内部控制管理体系。内部控制管理需要了解当前社会发展情况，根据实际需求不断地调整和改善，但是大部分国有事业单位内部管理的控制体系并不完善。目前，部分国有事业单位已经意识到内部控制管理的重要性，对事业单位管理部门强调了内部控制管理环节，并尽可能满足事业单位内部控制的要求，特别是对相关注意事项加以明细。除此之外，还要组织专业的人员制订相关内部控制手册，其内容要求对内部控制管理进行详细的解释。与此同时，要完善内部控制管理制度，对近期出现的内部控制管理问题做好总结和经验分析，将有关内部控制管理的信息整理成册，落实到每一位员工手里，以促进国有事业单位内部控制管理工作的有序进行。

第二，规范事业单位经济信息化建设。经济信息化建设不能理解为对信息技术的应用，而其相对复杂的事业单位管理思维，则要求各个部门都能够参与

进来。换言之，经济信息化建设不仅仅是经济部门、信息部门的事情，也是事业单位整体的事情。事业单位经济信息化建设可以说是一个制度化和流程化的过程，所以要求事业单位要加强管理规章制度的制定，进一步规范事业单位经济信息化建设。按照信息化处理方式实现对事业单位业务流程的优化。在事业单位范围内进行数据模式和传递方式的标准化建设，实现信息化的整体规划，以加快信息流通，为事业单位经营和决策提供支持。所以事业单位经济信息化建设需要面向所有用户，全面覆盖事业单位的每一个环节。

第三，事业单位预算控制的精细化。在事业单位财务成本管理精细化的实现过程中，强化预算控制至关重要。事业单位预算控制的精细化对事业单位提出了两点要求。一是事业单位需要强化现金流量的预算管理工作。这是完善事业单位预算管理体系的一个重要前提。为此，事业单位有必要要求各级部门编制好现金流量预算并向上级汇报，而上级则要对这些现金流量预算进行严格审批。这一过程主要涉及了三类部门，即事业单位决策部门、财务部门以及基层部门，具体流程则为基层部门将自身资金的使用预算递交给财务部门，财务部门对资金使用项目进行审批之后，按月份或者季度编制现金流量预算。事业单位决策层则对现金流量预算进行审核，并将审核意见告知财务部门，从而为财务部门调整现金流量预算提供依据。二是事业单位需要根据现金流量预算对预算控制工作进行考核。预算考核工作的重点包括对预算执行出现偏差的单位进行考核、对预算执行出现偏差的环节进行考核，以推动基层单位预算执行考核工作的常态化发展。当预算出现波动时，财务部门需要向事业单位决策层进行汇报，从而确保现金流量预算始终处于可知、可控范围之内。

第四，加强创新性管理人才队伍建设。在今后经济管理工作深入落实的过程中，事业单位需要高度重视人员队伍的素质建设。以经济管理理论内涵为主导，重点加强创新性管理人员考核和培训；将与工程经济有关的相关理论知识，以及具体的实践操作技巧，有效渗透给管理人员；建立完善的考核机制，以及职能素养激励体制，督促管理人员自觉规范自身管理态度，以及经济管理的具体执行方法，以全面提高管理水平。

结束语

随着社会的不断进步，我国经济发展开始呈现多元化的趋势，因此，事业单位也需要不断地改革。提升财政税收管理水平对事业单位非常有必要。作为服务型社会机构，事业单位全面推行财政资金绩效评价与财政税收改革，能够优化资金配置，从而实现高效财务管理。

因此，本书根据现代事业单位财政税收现状，重点分析事业单位财政税收经济管理方面出现的常见问题，提出事业单位财政税收与经济管理的相关对策，以科学的措施进行处理，由此实现事业单位的长远发展目标。

| 参考文献 |

一、著作类

[1] 财政部会计司，中国会计报社.行政事业单位内部控制建设：理论与实践[M].北京：经济科学出版社，2015.

[2] 财政部会计资格评价中心.经济法基础[M].北京：经济科学出版社，2016.

[3] 陈昌龙.财政与税收[M].北京：北京交通大学出版社，2016.

[4] 陈国青，郭迅华，马宝君.管理信息系统（第二版）原理、方法与应用[M].北京：高等教育出版社，2014.

[5] 方周文，张庆龙.行政事业单位内部控制规范讲解[M].上海：立信会计出版社，2013.

[6] 韩国元，赵琳.公共事业管理概论[M].哈尔滨：哈尔滨工程大学出版社，2016.

[7] 郝建国，陈胜华，王秋红.行政事业单位内部控制规范实际操作范本[M].北京：中国市场出版社，2015.

[8] 刘永泽，唐大鹏.行政事业单位内部控制实务操作指南（第三版）[M].大连：东北财经大学出版社，2016.

[9] 刘永泽.行政事业单位内部控制制度设计操作指南[M].大连：东北财经大学出版社，2013.

[10] 王德敏.行政事业单位内部控制精细化管理全案[M].北京：中国劳动社会保障出版社，2010.

[11] 魏明，夏立均，贾玉凤.事业单位内部控制与管理[M].北京：经济科学出版社，2014.

[12] 杨武岐，田亚明，付晨璐.事业单位内部控制[M].北京：中国经济出版社，2018.

[13] 张云莺，赵璇.财政与税收[M].北京：中国金融出版社，2013.

[14] 中国注册会计师协会.税法[M].北京：经济科学出版社，2014.

二、期刊类

[1] 曹庆喜.规范化的现代经济管理模式在事业单位中的应用[J].现代经济信息，

2019（24）：122.

[2] 常永芳.事业单位经济管理和财政经济良性循环[J].纳税，2019，13（19）：207+209.

[3] 陈淡芬.权责发生制在行政事业单位会计的应用研究[J].中国商论，2018，（19）：140-141.

[4] 戴红迎.关于政府会计权责发生制改革的研究[D].厦门：厦门大学，2014：9-39.

[5] 冯文芳.基于权责发生制的事业单位会计改革研究[J].生产力研究，2016，（2）：133-136，146.

[6] 高冬秀.论权责发生制在事业单位会计核算中的应用[J].会计之友，2008，（5）：39.

[7] 黄璟莉.我国非税收入改革的政策取向[J].经济研究参考，2013，（35）：30-32.

[8] 黄自瑜.基于内部控制的事业单位资产管理的模式设计与实现路径[J].行政事业资产与财务，2016，000（002）：10-11.

[9] 李波.浅谈财政税收工作存在的问题及深化改革建议[J].中国商论，2019，（3）：168-169.

[10] 李红梅.浅谈事业单位经济管理行为的策略[J].财经界（学术版），2016，（03）：117.

[11] 李慧.事业单位权责发生制的应用[J].安徽农业科学，2018，46（29）：86-87.

[12] 李洁慧.浅析事业单位权责发生制的推行[J].事业财会，2007，（6）：50-51.

[13] 李宁，赵宁.事业单位内部控制规范实施方法探析[J].现代经济信息，2018，（08）：147.

[14] 林云刚，王薇.权责发生制下事业单位会计核算的变化[J].商业会计，2016，（2）：41-42.

[15] 刘启风.行政事业单位国有经营类资产收益管理初探[J].中国财政，2006，（2）：61-62.

[16] 刘尚希.构建事业单位财政保障机制的对策[J].经济研究参考，2014，（71）：11-13.

[17] 邵明霞.加强事业单位财政税收管理的措施分析[J].现代经济信息，2019，（14）：140.

[18] 石绍宾，尹振东，汤玉刚.财政分权、融资约束与税收政策周期性[J].经济研究，2019，54（9）：90-105.

[19] 孙大光，高雪莲，李黎.新经济形势下事业单位经济管理创新模式研究[J].科技经济导刊，2020，28（22）：182+181.

[20] 孙芃，张娟.非税收入管理存在的问题与改进建议[J].中国财政，2008，（2）：60.

[21] 王洪侠，田蕾，费亚红.浅析事业单位预算管理的重要性[J].现代商业，2010，（02）：133.

[22] 王梦醒，邹宝群，肖扬书.科研事业单位政府部门财务报告编制研究[J].安徽农业科学，2018，46（29）：5-7.

[23] 王宇轩.论行政事业单位资产管理与预算管理的结合[J].东岳论丛，2009，（2）：183-185.

[24] 于思远.论权责发生制在行政事业单位会计制度中的运用[J].中国商论，2016，（8）：41-43.

[25] 张潇丹.非税收入收缴管理的现状与对策研究[J].中国商论，2020，（22）：144-145，173.

[26] 张尧.权责发生制在事业单位会计核算中的实践[J].经济研究导刊，2020，（21）：96-97.

[27] 朱海荣.事业单位财务会计规范对税收征纳的影响分析[J].中国商论，2018，（19）：132-133.